犯罪心理学のための統計学

松田いづみ
荘島宏二郎

心理学のための統計学 9

犯人のココロをさぐる

誠信書房

シリーズまえがき

◆ ラインアップ

「心理学のための統計学」シリーズは，心理学において必要な統計手法を広くカバーするべく用意いたしました。現在のところ，本シリーズは，以下のようなラインアップとなっています。

巻号	タイトル	主な内容
第1巻	心理学のための統計学入門 —— ココロのデータ分析	記述統計量・相関係数・正規分布・統計的仮説検定・z検定
第2巻	実験心理学のための統計学 —— t検定と分散分析	t検定・一要因分散分析・二要因分散分析
第3巻	社会心理学のための統計学 —— 心理尺度の構成と分析	因子分析・重回帰分析・階層的重回帰分析・共分散分析・媒介分析
第4巻	教育心理学のための統計学 —— テストでココロをはかる	信頼性係数・項目反応理論・マルチレベル分析・適正処遇交互作用
第5巻	臨床心理学のための統計学 —— 心理臨床のデータ分析	メタ分析・例数設計・検定力分析・ROC曲線
第6巻	パーソナリティ心理学のための統計学 —— 構造方程式モデリング	確認的因子分析・パス解析・構造方程式モデリング（共分散構造分析）・信頼性・妥当性
第7巻	発達心理学のための統計学 —— 縦断データの分析	縦断データ解析・欠測データ・潜在成長モデル
第8巻	消費者心理学のための統計学 —— 市場調査と新商品開発	クラスター分析・コレスポンデンス分析・ロジスティック回帰分析
第9巻	犯罪心理学のための統計学 —— 犯人のココロをさぐる	多次元尺度法・決定木・ナイーブベイズ・ブートストラップ・数量化理論・生存時間分析・地理空間分析

◆ コンセプト

各巻は，個別心理学のストーリーに寄り添いながら，統計手法を勉強するつくりになっています。たとえば，『社会心理学のための統計学』では，「態度」や「対人認知」など社会心理学における重要な概念を学びつつ，統計手法を抱き合わせで解説しています。

効率性を重視したならば，これほどの巻数を必要とせずに少ない巻数で統計学を学習することができるでしょう。しかし，**本シリーズは，個別心理学のストーリーを最優先にして，個別心理学の文脈の中で統計学を学ぶというスタンスをとっています。**心理の学生には，このようなコンセプトのほうが学習効果が高いと願ってのことです。

ただし，各巻は，個別心理学でよく用いられる統計手法を優先的に取り上げていますが，たとえば『社会心理学の統計学』を学べば，社会心理学に必要な統計手法がすべて網羅されているわけではありません。統計手法は，各巻でなるべく重複しないように配置しています。また，巻号が後ろになるほど高度な内容になっています。したがって，意欲的な読者は，自分の専門でない心理学分野で頻用される統計手法についても学習を進めることをお勧めします。

◆ 読者層

おおむね第1～5巻は学部生を対象に，第6巻以降は大学院生を対象と考えています。

◆ 構成

各巻は，おおむね7章構成となっており，各章はおよそ授業1コマで教える内容量となっています。つまり，2巻で半期（半年）の分量となっています。

◆ 伴走サイト

以下に，URLで伴走サイト（accompanying site）を用意しています。ここには，本書で用いたデータ，分析のためのソフトウェアプログラム，授業のパワーポイント教材（教員向け），Quizの解答などが置いてあります。どうぞご自由にお使いください。
http://www.rd.dnc.ac.jp/~shojima/psychometrics/

◆ 桐生先生・田口先生へ

僕が，犯罪心理学に深く興味を抱いたのは，20代の頃，桐生正幸先生（東洋大学）と田口真二先生（熊本県科学捜査研究所）のお二人に出会ったからです。桐生先生は普段おもしろいのに，悪は絶対に許さないヒーローみたいな方で，田口先生は学会の前夜，飲んでいるときに「性犯罪者って本当に卑怯なんですよ……」とうつむきつつコップを握り，静かに闘志を燃やす方です。お二人に，格別の感謝の気持ちを表します。

◆ 最後に

本シリーズが皆さまの学習を促進し，よりよい成果を導くことを願っています。また，本シリーズを上梓するうえで，誠信書房の松山由理子様と中澤美穂様に多大なお世話になりました。この場をもちまして厚くお礼申し上げます。

2015年1月

シリーズ編者　荘島 宏二郎

まえがき

◆ 本書の説明

　この本を手に取ってくださった皆さんは，多かれ少なかれ，犯罪心理学に興味をおもちだと思います。興味あるテーマをより深く追求するために，統計学を勉強しなければと思ったのかもしれません。

　あるテーマに取り組もうと思ったときに水を差しがちなのが，方法論の問題です。とくに統計学は，犯罪心理学に限らず，心理学を志す多くの人にとって，ハードルのひとつでしょう。犯罪心理学には，個別の事例に寄りそった研究もたくさんありますが，犯罪者の一般的な傾向を推定したり，再犯のリスクを予測したりするには，やはり統計の知識が必須です。

　統計学は奥が深く，すべてを理解しようとするとたいへんです。私自身，大学生のときは統計学が苦手でした。講義中に出された課題が解けなくて，泣きながら居残りをしたこともあります。でも，犯罪心理学にかかわる問題に本気で取り組もうと決めたとき，その解決にはどうしても統計的なアプローチが必要であることに気づきました。「何に使うか」という目的がはっきりすると，不思議とやる気が出るものです。関連する統計手法から，少しずつ勉強していったことを思い出します。

　最初に目的があって，それを解決するために統計手法がある。この順番を忘れてはいけません。そうでないと，統計手法には詳しいけれど，実際の問題には取り組めない人になってしまいます。統計手法がもっている限界にも気づかなくなります。そこで，本書では，犯罪心理学のさまざまなトピックをとおして，「何を知りたいのか」という目的をはっきりさせ，それをどのように達成するかという観点から，統計手法を紹介しました。

　また，本書では，犯罪心理学の全体像を身近に感じていただくために，「ある事件がおきたとき，どのように犯人像を推定し，容疑者を絞り込み，裁判が開かれ，矯正教育を行い，次の犯行を予防するか」という，大きな枠組みを想定しています。実際の現場で問題になっている事例を取り上げ，それを統計手法がどう解決できるのかを具体的に解説しました。数式をできるだけ使わず，言葉と図によって基本的な発想を伝えられるよう，心がけました。扱っている統計手法には統一感が感じられないかもしれません。しかし，どの手法もシンプルで汎用性が高いものになっています。

　このように本書は，犯罪心理学に興味をもつ人が，さまざまな統計手法を具体例に基づいて理解することを目指しています。統計学は犯罪心理学に取り組むうえで欠かせない道具箱です。入っている道具はちょっと個性的で扱いづらいものもありますが，その目的や使い方を理解しておくと，必要なときに抜群の力を発揮してくれます。本書をとおして統計手法を効率的に学習し，それを使っておもしろい発見をしてもらえたら，これほどうれしいことはありません。

◆ 謝辞

　この本は，私ひとりの力では到底書き上げることはできませんでした。本書で扱ったトピックや統計手法については，多くの先生方からご教示いただきました。とくに，科学警察研究所の小川時洋先生，常岡充子先生，渡邉和美先生，横田賀英子先生，島田貴仁先生，藤田悟郎先生，北海道警科学捜査研究所の岩見広一先生，京都府警科学捜査研究所の宮脇かおり先生，法務省の屋内麻理先生，山口大学の岡邊健先生のご協力に感謝いたします。広島大学の入戸野宏先生には，草稿を通読していただき，心理学者としてより広い観点から貴重なコメントをいただきました。また，本書の根底に流れているのは，東京大学大学院時代，（現在は帝京大学におられる）繁桝算男先生とゼミの方々から，心理学的な問題への統計的アプローチについて，厳しくも楽しく教えていただいた経験です。

　共著者・編者である大学入試センターの荘島宏二郎先生には，執筆のすべての段階で，熱心にアドバイスをいただきました。「こんなにわかりやすい説明の仕方があったのか」と，目から鱗が落ちたことも数知れません。また，誠信書房の中澤美穂様には，ていねいに編集・校正していただくとともに，一読者の観点から，わかりにくい箇所をご指摘いただきました。

　本書の縦糸は犯罪心理学，横糸は統計学です。その両方ですばらしい先生方に恵まれたからこそ，未熟な私でも書ききることができました。最後になりますが，いつも心配しながらも支えてくれる家族に，心からの感謝を伝えます。

2015年1月

第1著者　　松　田　いづみ

目 次

シリーズまえがき……iii
まえがき……v

第1章 事件をリンクする —— 多次元尺度法　　1

1.1 犯罪捜査と犯罪者プロファイリング……1
1.2 事件リンク分析による同一犯の推定……2
1.3 事件リンク分析のためのデータ例……2
1.4 事件間の類似度の測定……3
　1.4.1　φ（ファイ）係数　4　　1.4.2　ジャッカード係数　4
1.5 MDSによる複数の事件間の類似度の表現……5
　1.5.1　MDSの概要　5　　1.5.2　分析手順　6
　1.5.3　MDSの種類 —— 計量MDSと非計量MDS　9
　1.5.4　非計量MDSによる座標の推定　11
　1.5.5　マップの次元数の選択　12
1.6 MDSによる犯人像の推定……13
　1.6.1　犯行スタイルの分類　13
　1.6.2　犯行スタイルを調べた例　14
1.7 まとめ……16
Quiz……17

第2章 犯人像を予測する —— 決定木分析　　19

2.1 犯人像の推定……19
2.2 決定木による前科の推定……20

- **2.3** 前科を推定するためのデータベース例 …… 20
- **2.4** 決定木による前科推定モデルの作成 …… 21
- **2.5** 木の育て方 …… 24
  - 2.5.1 C5.0　*24*　　2.5.2 CART（分類回帰木）　*29*
  - 2.5.3 CHAID（カイ2乗自動交互作用検出）　*30*
  - 2.5.4 木を育てる方法による違い　*32*
- **2.6** 木の検証 …… 33
- **2.7** 最終的な決定木と捜査中の事件への適用 …… 35
- **2.8** まとめ …… 36
- Quiz …… 38

第3章 生理反応から犯人の記憶をさぐる──ナイーブベイズ法　39

- **3.1** ポリグラフ検査とは …… 39
- **3.2** ポリグラフ検査における生理反応 …… 40
- **3.3** ポリグラフ検査のデータ例 …… 41
- **3.4** ベイズ法による心拍数からの記憶の判定 …… 43
  - 3.4.1 生理反応の違いの評価　*43*　　3.4.2 ベイズ法　*44*
- **3.5** ナイーブベイズ法による複数の指標の統合 …… 50
  - 3.5.1 複数の生理反応の違いの評価　*50*　　3.5.2 ナイーブベイズ法　*51*
- **3.6** ベイズファクターによる結論の評価 …… 54
- **3.7** 事前確率の更新 …… 55
- **3.8** まとめ …… 57
- Quiz …… 58

第4章 脳波から犯人の記憶をさぐる──ブートストラップ法　59

- **4.1** 脳活動による記憶検出 …… 59
- **4.2** 脳波と事象関連電位（ERP） …… 60

4.2.1 脳波 60　　4.2.2 事象関連電位（ERP） 60

4.3 ERPによる記憶検出の例 …… 61

4.3.1 検査の手続き 61　　4.3.2 P300とは 63

4.3.3 ERPによる判定の問題点 64

4.4 ブートストラップ法によるERPデータの判定 …… 65

4.5 ブートストラップ分布の偏り …… 69

4.6 ブートストラップ信頼区間 …… 69

4.6.1 パーセンタイル信頼区間 69

4.6.2 バイアス修正パーセンタイル信頼区間 70

4.7 まとめ …… 70

Quiz …… **72**

第5章　量刑判断の影響要因をさぐる ── 数量化Ⅰ類・Ⅱ類　73

5.1 裁判員裁判と量刑 …… 73

5.2 数量化理論 …… 74

5.3 裁判員裁判のデータ例 …… 75

5.3.1 量刑のアンケート調査 75　　5.3.2 カテゴリ別の懲役年数 75

5.4 数量化Ⅰ類による懲役年数の説明 …… 76

5.4.1 ダミー変数への変換 77　　5.4.2 ダミー変数を用いた重回帰分析 78

5.4.3 分析結果の解釈 80　　5.4.4 説明変数の選択 80

5.4.5 数量化Ⅰ類と分散分析 81

5.5 数量化Ⅱ類による懲役年数の判別 …… 82

5.6 まとめ …… 84

Quiz …… **86**

第6章　再犯リスク要因を特定する ── 生存時間分析　87

6.1 罪を犯した人の処遇 …… 87

6.2 再犯リスク要因 …… 87

6.3 生存時間分析の概要 …… 88

6.4 再犯データの例 …… 89

 6.4.1 イベントとセンサー *89* 6.4.2 平均生存時間と平均ハザード率 *90*

6.5 再犯率の推移を示すカプラン・マイヤープロット …… 91

 6.5.1 カプラン・マイヤー生存率 *91* 6.5.2 ログランク検定 *93*

6.6 複数の再犯リスク要因を調べるCox比例ハザード分析 …… 96

 6.6.1 Cox比例ハザード分析の結果 *96* 6.6.2 Cox比例ハザード分析のモデル *98*

 6.6.3 比例ハザード性の検証 *99*

6.7 矯正教育とエビデンス …… 100

6.8 まとめ …… 101

Quiz …… **102**

第7章 犯罪を予防する —— 地理空間分析　103

7.1 地理情報による犯罪予防 …… 103

7.2 犯罪発生地点のデータ例 …… 104

7.3 犯罪発生地点のランダム性の検討 …… 105

 7.3.1 最近隣距離 *105* 7.3.2 最近隣指数 *107*

 7.3.3 ランダム性の統計的検定 *108*

7.4 犯罪発生件数の空間的自己相関 …… 109

 7.4.1 隣接行列 *109* 7.4.2 モランのI統計量 *110*

 7.4.3 モランのI統計量のz検定 *111* 7.4.4 局所的モランのI統計量 *111*

7.5 犯罪発生分布のカーネル密度推定 …… 112

 7.5.1 カーネル密度推定のイメージ *112* 7.5.2 カーネル密度の計算方法 *113*

 7.5.3 カーネル密度推定の結果 *115* 7.5.4 犯罪のホットスポットの考察 *116*

7.6 まとめ …… 117

Quiz …… **118**

付　録

各章のQuizの解答 …… 119

索引 …… *125*

第1章 事件をリンクする ——多次元尺度法

事件がおこり，警察がそれを認知すると，犯人を見つけるための捜査活動が始まります。本章ではまず，犯罪捜査をサポートするために心理学・統計学がどのように使われているかを紹介します。

1.1 犯罪捜査と犯罪者プロファイリング

犯罪捜査において，捜査員は事件に関するさまざまな情報を集めるとともに，その中から犯人につながる情報を見きわめ，犯人はどういった人物なのかを推定します。これにはとても高度な技術が必要ですが，今までは捜査員の経験と，それに基づく勘により行われてきました。

近年，犯罪捜査での意思決定を支援するために，**犯罪者プロファイリング**の導入が進められています（図1-1）。犯罪者プロファイリングは，行動科学的な視点から，犯行現場に残された犯罪行動の痕跡を手がかりに犯人像の推定などを行うことで，捜査活動を支援します。実際に犯罪者プロファイリングを行うのは，行動科学を学んだ捜査官や，科学捜査研究所の心理系職員です。犯罪者プロファイリングのスタンスはあくまで「捜査の支援」であり，ドラマや映画でよく見られるような「昔なが

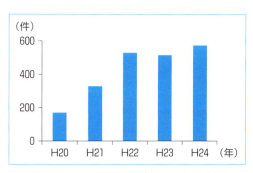

図1-1 わが国の犯罪者プロファイリングの実施件数の推移（警察庁，2013）

質問コーナー

プロファイラーが所属する科学捜査研究所とはどのような組織ですか？

各都道府県警察に1つずつ，科学捜査研究所（科捜研）という組織があります。生物，工学，化学，心理学などの専門知識をもった職員が所属しています。それぞれの専門知識を活かして科学的な鑑定や分析を行い，事件の解決に貢献しています。

らの現場主義の捜査官 vs. 現代的で合理的なプロファイラー」という対立関係は存在しません。プロファイラーは捜査員からの依頼を受け,「こういった人物を優先的に調べるとよい」「この地域を優先的に調べるとよい」といった情報を提供します。それにより捜査を効率化することが, 犯罪者プロファイリングの主な目的です。

表1-1 犯罪者プロファイリングでできること

No.	分類	内容
1	事件リンク分析	同一犯である可能性が高い事件を特定する
2	犯人像の推定	可能性の高い犯人像を示す
3		犯行がエスカレートする可能性を示す
4	地理的プロファイリング	犯人の居住地を推定する
5		次の犯行がどこで行われるかを予測する

犯罪者プロファイリングでできることは, 表1-1の5つだとされています（渡邉, 2004）。本章では, 連続事件で用いられる**事件リンク分析**を扱います。犯人像の推定は, 本章の後半と, 第2章で扱います。また, 地理的プロファイリングは, 第7章の地理空間分析とも関連します。

1.2 事件リンク分析による同一犯の推定

事件リンク分析では, 連続して発生している事件のうち, どの事件が同じ犯人によるものかを推定します。同一犯の事件を正しく推定できれば, 捜査の方針を明確に立てることができます。たとえば, 同一犯と見られる事件の情報から犯人像を推定したり, 次の犯行を予測したりできます。これにより, 効率的・効果的に捜査を行えます。

本章では, 事件リンク分析を**多次元尺度法**（Multidimensional Scaling：MDS, **多次元尺度構成法**ともいいます）を使って行う方法を紹介します。実際に犯罪者プロファイリングがよく適用される, 連続強姦事件を例にとって説明します。

1.3 事件リンク分析のためのデータ例

ある市ではここ1年間, 独り暮らしの女性のマンションやアパートに犯人が侵入し, 強姦に及ぶ事件が20件おきています[*1]。犯人は1人ではなく, 複数の犯人がそれぞれ別々に, 何件

質問コーナー

地理的プロファイリングは具体的にどのように行うのですか？

ここでは, 円仮説に基づいた地理的プロファイリングを紹介します。同一犯と思われる事件が続いたとき, それぞれの事件の発生場所を地図上にプロットします。そして, 距離が最も離れた2つの事件の発生場所を直径とした, 円を描きます。その円の中に, 犯人の拠点（居住地など）があると予測します。

---

*1 本章で扱うデータは仮想データです。以降の章も同様です。

かの事件をおこしていると思われます。しかし，「どの事件とどの事件が同一犯か」は，わかっていません。その目星をつけることができれば，捜査が一気に進展すると期待できます。

20件の強姦事件のつながり（リンク）を調べるために，まずプロファイラーは，「各事件において犯人がどのような行動をしたか」を，捜査資料から丹念に拾い出します。もし，ある事件とある事件の犯人が同じであれば，その行動は当然似てくるはずです。たとえば，それまで被害者とほとんど会話をせず，暴力をふるっていた犯人が，急に被害者と親密に会話をしたがるようになるとは考えにくいです。

次に，各事件での犯人の行動を表1-2のようにまとめます。事件の特徴がよく表れていると考えられる10個の行動が，捜査資料に記録されていたら1，記録されていなかったら0とします。

表1-2 各強姦事件における犯人の行動

犯人の行動		事件1	事件2	事件3	事件4	…	事件19	事件20
行動1	緊縛	1	0	0	1	…	0	0
行動2	潜伏	1	1	1	1	…	0	1
行動3	会話	0	0	0	0	…	1	1
行動4	下着強取	0	1	1	0	…	1	0
行動5	目隠し	1	0	0	1	…	0	1
行動6	刃物	1	0	0	0	…	0	0
行動7	キス	0	0	0	1	…	1	1
行動8	暴力	1	0	0	1	…	0	0
行動9	指紋工作	1	1	0	1	…	0	0
行動10	窃盗	1	0	0	1	…	0	0

1.4 事件間の類似度の測定

表1-2のそれぞれの事件どうしは，どのくらい似ているといえるでしょうか。手はじめに，2つの事件で一致している行動と不一致の行動が，それぞれ何個ずつあるかを調べてみます。事件1と2について調べたのが表1-3です。たとえば，表1-3中のAは，事件1・事件2ともに「記録あり」であった行動の合計です。

表1-2を見ると，行動2「潜伏」と行動9「指紋工作」の2つが，ともに1（捜査資料に記録されている）となっています。同様にB～Dについてもカウントします。このような表から，2つの事件の類似度を計算します。

表1-3 事件1と2で見られた行動の一致・不一致

		事件2		計
		記録あり(1)	記録なし(0)	
事件1	記録あり(1)	A (2)	B (5)	A+B (7)
	記録なし(0)	C (1)	D (2)	C+D (3)
計		A+C (3)	B+D (7)	A+B+C+D (10)

1.4.1 φ（ファイ）係数

2つの変数の類似度を見るときに一般的によく使うのは，φ係数（または四分点相関係数）や，クラメールの連関係数（本シリーズ第1巻7章参照）などです。これらは，表1-3のA，B，C，Dの数値を使って計算できます。φ係数は，2×2のクロス表において，行変数（ここでは事件1）と，列変数（事件2）の関連の強さを示す指標であり，−1～1の間の値をとります。φ係数は，以下ように計算します。

$$\phi = \frac{A \times D - B \times C}{\sqrt{(A+B) \times (C+D) \times (A+C) \times (B+D)}} = \frac{2 \times 2 - 5 \times 1}{\sqrt{7 \times 3 \times 3 \times 7}} = -0.048$$

φ係数は，2値データにおける相関係数です。φ係数については第4巻5章も参照してください。「両方とも記録あり（A）」と「両方とも記録なし（D）」のケースが多いほど，φ係数は大きくなります。

1.4.2 ジャッカード係数

一方，犯罪者プロファイリングでよく使うのが，ジャッカード（Jaccard）係数です。これは，以下のような，より簡単な式で計算します。

$$J（ジャッカード係数）= \frac{A}{A+B+C}$$

ジャッカード係数は，2つの事件において，少なくともどちらか一方で記録のあった行動に対する，両方の事件ともに記録があった行動の割合を表しています。記録のあった行動のうち，両方の事件ともにおこった行動が1つもなかったとき（A = 0）は，ジャッカード係数は最小の0となります。逆に，記録のあった行動のすべてが両方の事件でともにおこっていたら（B = 0，C = 0），ジャッカード係数は最大の1となります。表1-3の例では，事件1と2のジャッカード係数は，2÷(2+5+1) = 0.25となります。

ジャッカード係数のポイントは，両方の事件で記録がなかった行動の数（D）を計算に入れないことです。犯罪捜査では，「記録がないこと＝実際に行動がおこらなかったこと」ではない可能性があります。捜査官は多くの場合，犯罪者プロファイリングを念頭において資料を作成するわけではありません。そのため，たとえば強姦中のキスの有無については重視しておらず，キスがあったか否かを被害者から聴取していないかもしれません。すると，実際はキスという行動があったにもかかわらず，表1-2では0（記録なし）となってしまいます。このような実状をふまえると，行動の記録が"ない"ことは，あまり重要ではないと考えられます。その

ため，犯罪者プロファイリングでは，行動の記録が"ある"データ（A，B，C）のみを用いるジャッカード係数をよく使うのです。

ジャッカード係数による事件間の類似度を，すべての事件の組み合わせで求めたものが，表1-4です。対角セル内が1になっているのは，自分どうしのジャッカード係数は必ず1になるためです。また，この行列は対称ですので（事件1と事件2の類似度と，事件2と事件1の類似度は同じ），下三角要

表1-4　ジャッカード係数による事件間の類似度

	事件1	事件2	事件3	事件4	...	事件19	事件20
事件1	1	−	−	−	...	−	−
事件2	0.25	1	−	−	...	−	−
事件3	0.13	0.67	1	−	...	−	−
事件4	0.88	0.22	0.11	1	...	−	−
⋮	⋮	⋮	⋮	⋮	⋱	−	−
事件19	0.00	0.20	0.25	0.10	...	1	−
事件20	0.22	0.17	0.20	0.33	...	0.40	1

素だけを表示しています。これにより，それぞれの事件がどのくらい似ているかを，数値として示すことができました。

しかし，この類似度の表をただながめていても，「どの事件とどの事件が似ているのか」といった全体像は，なかなかイメージできません。この例は20×20の大きさの行列なのでまだよいですが，事件数が多くなるとこの行列はとても大きくなり，1つ1つの数値を検討することはほとんど不可能になります。

では，事件間の類似性をわかりやすく示すには，どうすればよいでしょうか。ひとつの方法は，各事件の関係を地図のような形で視覚的に表現することです。つまり，「似ている事件は近くに，似ていない事件は遠くに」描きます。これを行う方法が，**多次元尺度法**（以下，**MDS**）です。

1.5　MDSによる複数の事件間の類似度の表現

1.5.1　MDSの概要

MDSで分析すると，図1-2の地図のような図（**マップ**ともいいます）が得られます。それぞれの事件は，マップ上の点として位置づけられます。各事件の位置は，**座標**といいます。似ている事件は近くにあり，似ていない事件は遠く離れています。このマップを見ると，どの事件とどの事件が似てい

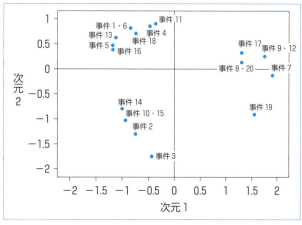

図1-2　多次元尺度法による事件のマップ

るのかを，簡単に読み取れるでしょう。表1-4のような大きい表を解釈することは難しいですが，図1-2のマップは表1-4に比べると，かなり理解しやすいです。

　図1-2から，20の事件は，3つのグループに分けることができそうです。マップ上で事件1，4，5，6，11，13，16，18の座標は左上に，事件2，3，10，14，15の座標は左下に，事件7，8，9，12，17，19，20の座標は右に集まっています。前述のとおり，同じ犯人であれば，その行動や手口は，事件間である程度一貫しているはずです。行動には犯人の性格や欲求が表れますし，成功した手口を次の犯行で踏襲する傾向もあるからです。したがって，類似した3つの事件のグループごとに，それぞれ別の犯人（A・B・C）がいると予想できます。各犯人の行動の特徴を簡単にまとめると，以下のとおりです。

> **各犯人の行動の特徴**
>
> **犯人A**——事件1，4，5，6，11，13，16，18の犯人。緊縛する，暴力をふるうといった行動が見られる。
>
> **犯人B**——事件2，3，10，14，15の犯人。下着を奪うなどの行動が見られる。
>
> **犯人C**——事件7，8，9，12，17，19，20の犯人。被害者と会話をする，キスをするなどの行動が見られる。

　このように事件をリンクした結果をもとに，それぞれの犯人の逮捕に向けて，さらに捜査を進めていくことになります。たとえば，犯人Aが関わっていると予想される8つの事件について，その発生場所から地理的プロファイリングを行い，犯人Aの居住地を推定したりします。

1.5.2　分析手順

　では，表1-4のデータから図1-2のようなマップを描くには，どのような手続きをとればよいでしょうか。ここでは，基本的な計算方法を紹介します。おおまかな道筋としてまず，① 類似度データを距離的データに直します。そして，② その距離的データとマップ上での事件間の座標の距離を比べて，その誤差ができるだけ小さくなるように座標を調整します。以下に，それぞれのステップを順に説明します。

● **類似度データから距離的データへの変換** ●　表1-4の数値は類似度を示すので，似ているものどうしの値が大きく，似ていないものどうしの値が小さくなります。しかし，このようなデータをMDSで分析するのは不適切です[*2]。マップ上では，似ているものどうしの距離は小さく，似ていないものどうしの距離は大きくなるからです。そこで，表1-4の数値を，類似している事件どうしであれば0に近く，類似度が低ければ大きくなるようにします。一番手っ取り早いのは，「1－類似度」として距離的データに変換することです。その結果が表1-5です。対

[*2] 多くのソフトウェアでは類似度データにも対応していますが，最初は，「MDSは距離的データを分析する」という理解をしてください。

角要素は0になっています。自分どうしは最も距離が近い（類似している）ので，「0」なのです。

表 1-5　事件間の距離的データ

	事件1	事件2	事件3	事件4	…	事件19	事件20
事件1	0	—	—	—	…	—	—
事件2	0.75	0	—	—	…	—	—
事件3	0.87	0.33	0	—	…	—	—
事件4	0.12	0.78	0.89	0	…	—	—
⋮	⋮	⋮	⋮	⋮	⋱	—	—
事件19	1.00	0.80	0.75	0.90	…	0	—
事件20	0.78	0.83	0.80	0.67	…	0.60	0

● **距離的データと座標間距離の差の最小化** ● 求めた距離的データ（表1-5）から，図1-2のような2次元上のマップに20の事件を描く（プロットする）ことが，MDSの目的です。ごくごく単純な例を示すと，表1-6のような関係性（距離的データ）をもつ3つの対象から，図1-3のようなマップを得ることが目的です。マップでは，各辺が3：4：5の三角形を作るように3つの対象がプロットされています。これは，3つの対象の間の距離を反映するかたちで，3つの対象の座標を置いたものです。

表 1-6　距離的データの簡単な例

	対象1	対象2	対象3
対象1	0		
対象2	3	0	
対象3	4	5 (d_{32})	0

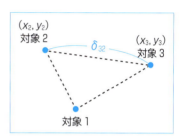

図 1-3　MDS は距離的データから対象の座標を推定するのが目的

まず，表1-6の対象2と対象3の距離に注目します。この距離（5）をd_{32}とします。下付き数字「32」は，対象3の行と対象2の列が交わった位置（セル）を表しています。そして，マップ（図1-3）の対象2と対象3の座標間の距離を$δ_{32}$（$δ$はデルタと読みます）とします。

マップ上の距離を求めるのに最もよく使うのは，ユークリッド距離です。ユークリッド距離では，中学数学で習った三平方の定理（$a^2+b^2=c^2$）を使います。マップ（図1-3）上の対象2と対象3のユークリッド距離を求めてみましょう。対象2の座標を(x_2, y_2)，対象3の座標を(x_3, y_3)とすると，ユークリッド距離$δ_{32}$は以下の式で求まります。

$$δ_{32} = \sqrt{(x_2-x_3)^2 + (y_2-y_3)^2}$$

次に，表1-6の距離的データd_{32}と，マップ上のユークリッド距離$δ_{32}$の差を出します。そして，それを2乗した値ができるだけ小さくなるように，(x_2, y_2)や(x_3, y_3)を決めます。

できるだけ0に近い値にしたい

$$(d_{32}-δ_{32})^2 = \left(5 - \sqrt{(x_2-x_3)^2 + (y_2-y_3)^2}\right)^2$$

同じように，対象1と対象2，対象1と対象3でも，dと$δ$の差の2乗が小さくなるように3つの対象の座標を求めます。このようにして求めたものが，図1-3です。

対象が多くなっても行うことは同じです。図1-4は，事件2と事件3のユークリッド距離を示しています。先ほどと同様に，事件1と事件2のユークリッド距離（δ_{12}）と距離的データ（d_{12}）の差，事件1と事件3のユークリッド距離（δ_{13}）と距離的データ（d_{13}）の差，……，事件19と事件20のユークリッド距離（$\delta_{19,20}$）と距離的データ（$d_{19,20}$）の差が同時に小さくなるように，事件1～20の座標を求めていきます。

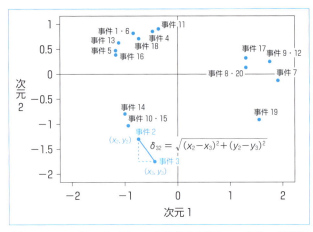

図1-4　マップ上における2つの事件の座標のユークリッド距離

このように，距離的データをうまく表すように，マップ上での事件の座標を決めるのです。つまり，距離的データと，マップから求めた事件間の座標間距離とを比較し，その違いが小さくなるようにマップ上の座標を変えていき，最終的な座標の値を決めます。

図1-5に，距離的データと座標間距離とのずれを小さくするプロセスを示しました。まず，求めたい対象（ここでは事件）の座標をとりあえず決めます（図1-5①）。最終的に求めたいのは，距離的データを反映した各事件の座標です。ここではとりあえず，事件2のX座標をx_2，

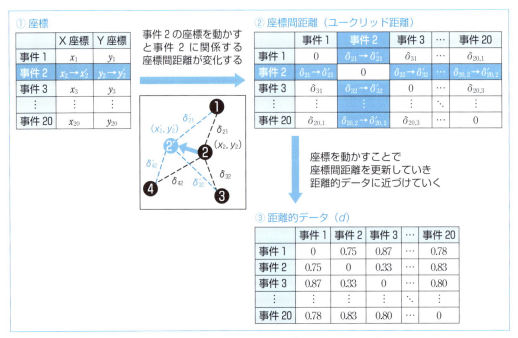

図1-5　距離的データと座標間距離とのずれを小さくするプロセス

Y座標をy_2とします。この，とりあえず付けた値を**初期値**といいます。

次に，事件2の位置（座標）を少しだけ動かします。事件2が動いたことにより，事件1と事件2の座標間距離δ_{21}，事件2と事件3の座標間距離δ_{32}など，事件2と関連する座標間距離は，すべて少しだけ変化します（図1-5②）。なお，図1-5②や③は行と列を入れ替えても同じなので対称行列です。大切なことは，これらの事件2に関連する座標間距離が，距離的データ（図1-5③の0.75，0.33……0.83）の値にできるだけ近づくように，事件2の座標を動かすことです。

同じように，事件1～20の座標も少しずつ動かし，距離的データ（図1-5③）に近い座標間距離を得ることをめざします。距離的データ（図1-5③）に近い座標間距離（図1-5②）を得ることができるように，座標（図1-5①）を動かしていく，といってもよいでしょう。そして，すべての事件間の距離的データと座標間距離を考慮し，両者が最も近くなったときの座標を，各事件の座標の推定値とします。この推定された座標をプロットしたものが，図1-2のようなマップになるのです。

今の説明を数式を用いて表します。まず，座標間距離の行列（図1-5②）と距離的データの行列（図1-5③）とのずれを数値化するために，各要素の差を2乗し，その和を求めます。

$$S(\text{ストレス値}) = \sum_{i=1}^{20}\sum_{j=1}^{20}(d_{ij}-\delta_{ij})^2 = \left(0.75-\sqrt{(x_1-x_2)^2+(y_1-y_2)^2}\right)^2$$
$$+\left(0.87-\sqrt{(x_1-x_3)^2+(y_1-y_3)^2}\right)^2+\cdots$$
$$+\left(0.78-\sqrt{(x_1-x_{20})^2+(y_1-y_{20})^2}\right)^2+\cdots$$
$$+\left(0.60-\sqrt{(x_{19}-x_{20})^2+(y_{19}-y_{20})^2}\right)^2 \quad [1\text{-①}]$$

この式を**ストレス関数**と呼びます。ストレス関数の値（**ストレス値**）が最小になるような座標，つまり，すべての対象間の距離的データと座標間距離の差の合計が，できるだけ小さくなるような座標を求めます。このような手法を，最小2乗法（第6巻2章を参照）といいます。

ただし，[1-①]式はストレス関数の基本の式にすぎません。より解釈しやすい座標を得るために，もしくは不適切な座標を推定しないために，さまざまなストレス関数の式が提案されています。これは本書の内容を超えるので省略しますが，いずれにしても，[1-①]式は，MDSの考え方の本質を表しています。

1.5.3 MDSの種類 ── 計量MDSと非計量MDS

前節では，距離的データと座標間距離との差を小さくして，マップ上の座標を決定する方法を示しました。このとき，距離的データをどのように扱うかによって，MDSは**計量MDS**と**非計量MDS**というやり方に分かれます。図1-5のように，距離的データの値そのものを扱う場合

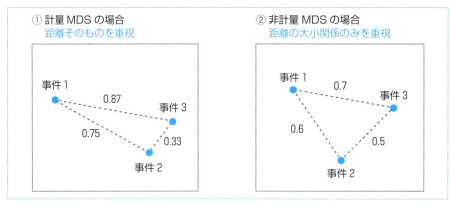

図1-6 計量MDSと非計量MDSの違い

は，計量MDSと呼びます。一方で，距離的データそのものではなく，距離の大小関係を重視して，大小関係のみを保つように座標を決定する方法もあります。それが非計量MDSです。計量MDSと非計量MDSの違いを図1-6に示しました。データは，表1-5の事件1，2，3の距離だけを取り上げています。

計量MDSでは，距離的データの値そのものを重視します。表1-5から，事件1と2の距離が0.75，事件1と3の距離が0.87，事件2と3の距離が0.33であることがわかります。計量MDSでは，この関係性をマップ上で忠実に再現しようとします（図1-6①）。

一方，非計量MDSでは，距離的データそのものへのこだわりを捨て，距離の大きさの順序性のみを見ようとします。たとえば，図1-6②では，事件1～3間の距離の値は維持されていません。しかし，「事件1・3間の距離＞事件1・2間の距離＞事件2・3間の距離」という遠近関係はしっかり維持されています。このように，元の値の大小関係のみを維持しながら数値を変換することを，単調変換といいます。非計量MDSでは，距離そのものではなく，単調変換した距離をマップ上にプロットします。

一般に，計量MDSよりも非計量MDSのほうが，最終的に解釈しやすい結果を得やすいです。対象の数が少なければ，計量MDSにより，距離的データの値をそのまま保つようなマップを得ることが可能です。しかし，対象数が増えると，距離的データの数は2乗の勢いで増えていきます。数が多くなるにつれ，すべての距離的データの値をそのまま反映したマップを得ることは，ほとんど不可能になります。そのため，現在では，計量MDSより非計量MDSのほうがよく用いられます。

このような統計学的な理由のほかに，データとしての性質から非計量MDSが好まれることがあります。それは，対象間の距離の大小に，比率尺度や間隔尺度のような厳密性があるとは考えられない場合です。たとえば，表1-5のデータにおいては，「事件1と2，事件1と3を比べると，前者の組み合わせのほうが後者の組み合わせよりも類似度が高い」とはいえるかもしれません。しかし，類似度の細かい数値にはそれほど意味はないでしょう。この点から表1-5の

距離的データは，値の順序性のみを維持して分析する（非計量MDS）ほうが適切だと考えられます。

1.5.4 非計量MDSによる座標の推定

それでは，非計量MDSにおいて，距離的データと座標間距離とのずれを小さくしていくプロセスを見ていきましょう。図1-7を，計量MDSのときの図1-5と比べてみてください。ひと手間ふえていることがわかると思います。ふえたのは，距離的データを値の大小関係を維持しながら数値を変換するという，単調変換の作業です（図1-7 ③→④）。非計量MDSでは，距離的データそのものではなく，単調変換したあとの距離的データに座標間距離がなるべく近づくよう，各事件の座標を動かします。

非計量MDSのストレス関数は，以下のとおりです。[1-①]式とほとんど同じですが，距離的データ d ではなく，単調変換後の距離的データ d^* を使っているのがポイントです。

$$S(\text{ストレス値}) = \sum_{i=1}^{20}\sum_{j=1}^{20}(d_{ij}^* - \delta_{ij})^2 = \left(d_{21}^* - \sqrt{(x_1-x_2)^2 + (y_1-y_2)^2}\right)^2$$
$$+ \left(d_{31}^* - \sqrt{(x_1-x_3)^2 + (y_1-y_3)^2}\right)^2 + \cdots \quad [1\text{-}②]$$
$$+ \left(d_{20,19}^* - \sqrt{(x_{19}-x_{20})^2 + (y_{19}-y_{20})^2}\right)^2$$

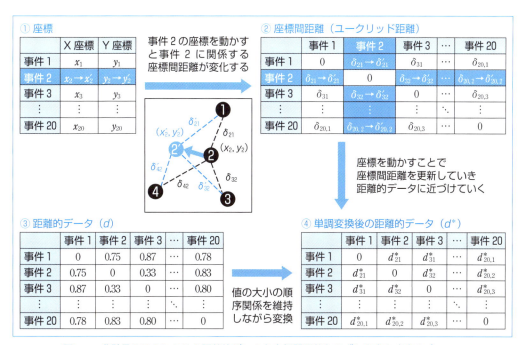

図1-7 非計量MDSにおける距離的データと座標間距離とのずれを小さくするプロセス

そして，計量MDSと同様に，ストレス関数の値が最小となるように個々の対象（ここでは事件）の座標を決めていきます。

なお，図1-2は，非計量MDSによって表1-5の距離的データを分析した結果でした。**ALSCAL (alternating least squares scaling)** という，現在最も一般的な非計量MDSの分析枠組みを使っています。事件リンク分析では，ALSCALの代わりに**最小空間分析（smallest space analysis：SSA）**を使うこともあります。

1.5.5　マップの次元数の選択

ここまでの分析では，各事件を2次元のマップに位置づけていました。しかし，次元数は2である必要はありません。たとえば，3次元の空間を考えるなら，［1-①］式や［1-②］式における座標間距離を，以下の式に置き換えることで対応できます。

$$\delta_{ij} = \sqrt{(x_i - x_j)^2 + (y_i - y_j)^2 + (z_i - z_j)^2}$$

3次元なので，X軸・Y軸に加えてZ軸での座標も考えます。しかし，分析の流れは図1-5や図1-7と変わりません。

MDSで設定できる実質的な次元数の上限は，「対象数（ここでは事件数）−1」です。対象の数が2つであれば1次元空間（直線）を用意すれば十分ですし，対象数が3つであれば2次元空間（平面）を用意すれば事足りるからです。表1-5のデータの場合は，次元数の実質的な上限は20−1＝19です。したがって，1〜19の次元数の中で，どの次元数が適切かを考えなければなりません[*3]。

単純に考えると，ストレス値（ストレス関数の値）が最も小さくなる次元を採用するのがよさそうです。しかし，距離的データとマップとの当てはまりは，次元数が大きくなるほどよくなります。2次元マップよりも3次元マップ，3次元マップよりも4次元マップのほうが，当てはまりがよくなります。しかし，あまりに次元数が多いと，事件間の関係を視覚的にとらえることが難しくなります。実際に，4次元以上の空間は視覚的な表現が困難です。これでは，MDSの本来の目的が達成できません。

次元数を選ぶときのひとつの基準となるのが，**スクリープロット基準**です。まず，各次元数での解を求め，そのときのストレス値をプロットします（図1-8）。スクリープロット基準とは，ある次元数でストレス値が急激に減少し，それ以上の次元数ではストレス値の減少がわずかであるときに，ストレス値が急激に減少した次元数を採択する，という基準です[*4]。このように変化するストレス値のグラフは，"ひじ"の形に似ています。そのため，スクリープロット基

---

*3　モデルが複雑である場合，「対象数−1」も次元をとれない場合があります。また，ソフトウェアにより，最大の次元数があらかじめ決まっている場合もあります。実際にはこれらの制約に従うことになります。

*4　因子分析のスクリー基準とは違うものであることに注意してください。因子分析のスクリープロットは，横軸が因子番号で縦軸が固有値です。

準を**ひじの基準**と呼ぶことがあります。ひじ（屈曲点）の部分が採択すべき次元数です。図1-8では，2次元を採択してよいでしょう。

一方，データによっては屈曲点が見いだせないことがあります。また，屈曲点が4次元以降で見られることもあります。しかし，MDSはデータの視覚化を目的とする統計手法であることを思い出してください。そのため，実際には当てはまりがそれほどよくなくても，目で見て理解できる2次元か3次元のどちらかを選ぶことがほとんどです。そのときは，当てはまりがよくないことに言及し，結果を慎重に解釈する必要があります。

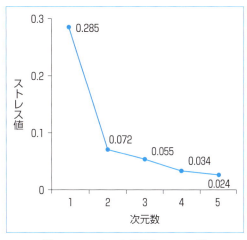

図1-8　MDSの次元数とストレス値

ちなみに，表1-5の距離的データと2次元マップとの当てはまりは，ストレス値で0.072，**RSQ**は0.977でした。RSQもストレス値と同じく当てはまりの指標で，決定係数（R^2：分散の説明率）です（第3・6巻を参照）。RSQは0～1までの値をとり，ストレス値とは逆に，値が大きいほど当てはまりがよいことを示します。RSQが0.6以上であることがひとつの目安です。ただし，いつもこの基準が妥当であるとは限らないので注意してください。今回の場合，2次元でのMDSの結果は十分に当てはまりがよいと判断できます。

1.6　MDSによる犯人像の推定

ここまで，MDSにより，事件をリンクする方法を示してきました。次のステップとして，リンクした事件の犯人像を知りたくなります。犯人の行動の特徴から，犯人がどのような人物かを推定できないでしょうか。じつは，この犯人像の推定においてもMDSが使えます。本節では，MDSを使った犯人像推定の例を紹介します。

1.6.1　犯行スタイルの分類

事件から犯人像を推定するための前提となるのは，「似たような行動をおこす犯人は，似たような属性（年齢層・職業・婚姻状態・居住形態・前科など）をもつ」という考え方です。この考え方にそって，まず，過去のさまざまな事件で見られた犯人の行動を，いくつかのパターン（犯行スタイル）に分類します。そして，同じ犯行スタイルをもつ犯人によく見られる属性（犯人像）を調べます。新たな事件がおきたら，過去のデータから求めた犯行スタイルのうち，その事件での犯人の行動がどのスタイルに当てはまるかを調べます。その犯行スタイルと対応する犯人像が，新たな事件の犯人にも当てはまると推定できます（図1-9）。

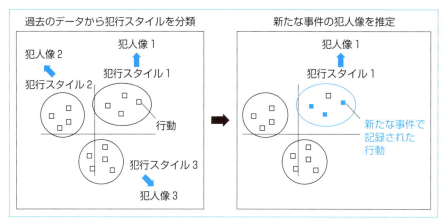

図1-9 事件時の行動パターン（犯行スタイル）と犯人像推定

　この犯行スタイルを分類するときに，MDSが使えます。犯行スタイルを調べるということは，「どの行動とどの行動が同時におこりやすいか」，言い換えると，「どの行動とどの行動が類似しているか」を調べることを意味します。たとえば，「緊縛をする場合は目隠しもする場合が多い」というような行動間の関係性を調べることになります。したがって，犯行スタイルを調べるときは，各行動を変数として，行動間の類似性をMDSにより調べることになります。

　今までの事件リンク分析では，これとは逆に，各事件を変数として事件間の類似性を調べてきたことに注意してください。つまり，表1-2のデータに対して，事件間の類似性，すなわち列方向の類似性を算出して分析してきました。そうではなく，行動の類似性，すなわち行方向の類似性を求め，そこから距離的データを作成してMDSを用いれば，行動に関するマップが得られることになります（章末のQuizも参照してください）。

　そして，いざ新たな事件がおきたとき，記録された行動の多くが特定の犯行スタイルと一致していたら，その犯行スタイルと対応する犯人像を推定できるというわけです。

1.6.2　犯行スタイルを調べた例

　横田ら（2004）は，屋内強姦事件の犯行スタイルをMDSにより特定しています。4,079名の犯人の捜査資料を調べ，強姦犯の行動において重要だと考えられる47個の行動が，それぞれ記録されていたか否かをまとめました。そして，行動間の類似性をジャッカード係数により計算しました。それを距離的データに変換したあと，最小空間分析の非計量MDSにより，似ている行動を近くに，似ていない行動を遠くにプロットしました（図1-10）。

　この研究の結果，屋内強姦犯には3つの類似した行動群（犯行スタイル）が存在しそうだ，ということがわかってきました。

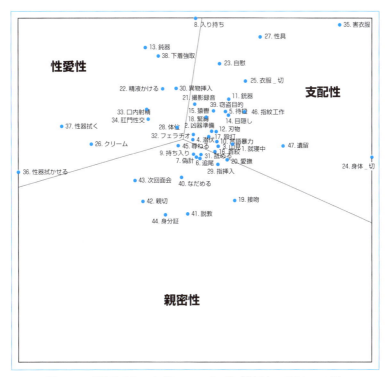

図 1-10　屋内強姦犯の行動のマッピング（横田ら，2004, p.143）

- **屋内強姦犯の犯行スタイル**
  - ① **支配性**──被害者を身体的・物理的に支配するための行動が見られる。被害者を効果的に支配し，それによって満足感を得ようとするパワー欲求があるタイプ。
  - ② **性愛性**──被害者を性的に侮辱したり，おとしめたりする行動が見られる。自らの性的欲求を満たすために，被害者を媒体として用いようとするタイプ。
  - ③ **親密性**──被害者との人間関係を構築しようとする行動が見られる。被害者への親和欲求を示すタイプ。

　これらの犯行スタイルをもつ犯人の属性（年齢層・職業・婚姻状態・居住形態・前科など）を，過去のデータベースをもとに調べます。これにより，犯行スタイルに対応する犯人像を明らかにできます。

　そして，新たに発生した事件の犯人が，どのような犯行スタイルをもつかを調べていきます。たとえば，1.5.1節の例では，犯人Aは，緊縛や暴力といった行動をとっています。これは，図1-10では，①の「支配性」の犯行スタイルに分類できます。犯人Bは，下着強取といった行動をとっているので，②の「性愛性」の犯行スタイルに分類できます。犯人Cは，会話やキスを求めるので，③の「親密性」の犯行スタイルに分類できます。これらの犯行スタイルに対応する犯人像を考慮しながら，捜査を進めていくことになります。

1.7 まとめ

本章では，MDSを使った事件リンク分析，および犯人像の推定を紹介しました。ここでは対称な行列（たとえば，事件1と2の類似度と，事件2と1の類似度は同じ）を分析する方法を使いましたが，非対称な行列を分析する手法もあります（**非対称MDS**）。たとえば，ソシオメトリックテストのように，「AさんのBさんに対する好感度は，BさんのAさんに対する好感度とは異なっている」といった非対称な関係を分析します。

また，今回は表1-5のような行要素と列要素が同じ正方形のデータを分析しましたが，行要素と列要素が異なる矩形（長方形）のデータも分析することもできます。たとえば，20人に対し，ブランド1～10に対する好感度を調べると，20×10の長方形の形をしたデータになります。さらに，「20人が，10個のブランドに対して，5つの観点から評価した」という，3相（直方体）データを分析する手法も開発されています。

MDSの利点は，あるものとあるものの距離を，視覚的にわかりやすく表現できることです。この「視覚化」は，現在の犯罪捜査においてとても重要です。経験を積んだ捜査員の勘は貴重ですが，その意図するところを他の捜査員に正しく伝えることは簡単ではありません。その点，MDSを使い，事件の関連性などを視覚的にわかりやすく示すことができれば，その情報を捜査員全体で共有することができます。これにより，捜査員どうしの意思の疎通がスムーズになり，捜査が効率的に進むと期待できます。今後，犯罪者プロファイリングの導入がさらに進み，捜査員が統計分析の結果を上手に利用していくようになれば，日本の犯罪捜査は大きく変わっていくでしょう。それにあわせて，刑事ドラマなどで描かれる捜査会議の様子なども，変わっていくかもしれません。

【文献】

足立浩平（2006）．多変量データ解析法 —— 心理・教育・社会系のための入門．ナカニシヤ出版
藤田悟郎・横田賀英子・渡邉和美・鈴木護・和智妙子・大塚祐輔・倉石宏樹（2011）．実務のための量的な方法による事件リンク分析．日本法科学技術学会誌，**16**，91-104．
警察庁編（2013）．警察白書 平成25年版．日経印刷
岡太彬訓・今泉忠（1994）．パソコン多次元尺度構成法．共立出版
岡太彬訓・守口剛（2010）．マーケティングのデータ分析 —— 分析手法と適用事例．朝倉書店
渡邉和美（2004）．プロファイリングによる捜査支援．渡辺昭一編 捜査心理学．北大路書房
横田賀英子・岩見広一・渡邉和美・藤田悟郎（2004）．屋内強姦犯の犯行スタイルの識別性に関する分析 —— 多次元尺度法を用いた検討．日本行動計量学会第32回大会発表論文抄録集，142-143．

下記の表1は，本文中の表1-2の内容を，犯人の行動を「列」，事件を「行」として表したものです。犯行スタイルを視覚的に見きわめるために，問1と問2の分析を行ってください。

表1　各事件における犯人の行動

行動	1 緊縛	2 潜伏	3 会話	4 下着強取	5 目隠し	6 刃物	7 キス	8 暴力	9 指紋工作	10 窃盗
事件1	1	1	0	0	1	1	0	1	1	1
事件2	0	1	0	1	0	0	0	0	1	0
事件3	0	1	0	1	0	0	0	0	0	0
事件4	1	1	0	0	1	1	1	1	1	1
事件5	0	1	0	0	0	1	0	0	1	1
事件6	0	1	0	0	1	1	0	1	1	1
事件7	0	0	1	0	0	0	1	0	0	1
事件8	0	1	1	0	0	0	1	0	0	0
事件9	0	0	1	0	0	0	1	0	0	0
事件10	0	1	0	1	0	0	0	1	0	0
事件11	1	1	0	0	1	1	1	0	1	1
事件12	0	0	1	0	1	0	1	0	0	0
事件13	1	1	0	0	0	1	0	0	1	1
事件14	0	1	0	1	0	0	0	0	1	1
事件15	0	1	0	1	0	0	0	1	1	0
事件16	0	1	0	0	0	1	0	1	1	1
事件17	0	0	1	0	1	0	1	0	1	0
事件18	0	1	0	0	1	1	0	0	1	1
事件19	0	0	1	1	0	0	1	0	0	0
事件20	0	1	1	0	1	0	1	0	0	0

問1：表2は，各行動間の類似度をジャッカード係数により計算したものです。下記の ① と ② に解答してください。

表2　ジャッカード係数による行動間の類似度

	行動1	行動2	行動3	行動4	行動5	行動6	行動7	行動8	行動9	行動10
行動1	1.00	－	－	－	－	－	－	－	－	－
行動2		1.00	－	－	－	－	－	－	－	－
行動3	0.00	0.10	1.00	－	－	－	－	－	－	－
行動4	0.00	0.31	0.08	1.00	－	－	－	－	－	－
行動5	0.33	0.35	0.25	0.00	1.00	－	－	－	－	－
行動6	0.50	0.53	0.00	0.00	0.45	1.00	－	－	－	－
行動7	0.18	0.20	0.78	0.07	0.42	0.13	1.00	－	－	－
行動8	0.25	0.40	0.00	0.20	0.27	0.40	0.07	1.00	－	－
行動9	0.33	0.69	0.06	0.20	0.43	0.67	0.17	0.38	1.00	－
行動10	0.40	0.56	0.06	0.07	0.38	0.80	0.19	0.33	0.69	1.00

① 行動1と2のジャッカード係数を計算し，表2の空欄（濃いブルーの部分）を埋めてください。

② 表2を距離的データに変換してください。

問2：問1のデータをALSCALの非計量MDSで分析してください。ただし，次元数は2としてください。

犯人像を予測する
── 決定木分析

第2章

　前章では連続強姦事件について，MDSを使って同一犯による事件を絞り込みました。本章では，「犯人は一体どのような人物なのか」について，決定木（けっていぎ，Decision Tree）という方法を使って推測していきます。

2.1 犯人像の推定

　事件間のリンクができたら，次は犯人逮捕に直結する犯人像の推定が必要になります。プロファイラーは，前章の表1-2で挙げたような，窃盗や指紋工作の有無といった事件の特徴から，犯人は職に就いているのか，結婚しているのか，前科はあるのか，などの属性を推定します。それを捜査員に伝えると，捜査員は，推定された属性に当てはまる人物を優先的に調べていきます。

　犯人像を推定する際，捜査の効率化に直接的に役立つのが，「前科の有無」という属性です。前科とは，以前に行った犯罪行為について，有罪判決により刑が言い渡されたことを指します。「犯人に前科がある可能性が高い」と推定されれば，過去の事件のデータベースから，前科があり，かつ捜査対象地域に住んでいる人物をピックアップできます。そのような人物から捜査を進めていくことで，捜査の効率が飛躍的に上がります。一方，「前科がある可能性が低い」と推定されたら，他の属性の推定に力をそそぐことになります。

質問コーナー

前科は前歴とは違うのですか？

　言葉は似ていますが，違うものです。前歴とは，以前に犯罪に該当する行為を行って，警察などの捜査機関により捜査対象となった事実を指します。一方，前科とは，以前に有罪判決により刑を科された事実を指します。したがって，「前歴はあるけれど前科はない」というケースがあります。

2.2 決定木による前科の推定

犯行の状況から前科の有無を推定するには，どのような手順で分析したらよいでしょうか。図2-1に一般的な手順を示しました。まず，すでに犯人がわかっている過去の類似事件のデータベースを使って，犯行状況から犯人の前科の有無を推定するモデルを作ります。その後，捜査中の事件における犯行状況をモデルに入力することで，犯人の前科の有無を推定します。

以下の節では，データベースから犯行状況と前科の有無を結びつけるモデルを，決定木という方法で作成します。その後，決定木モデルに捜査中の事件の犯行状況を入力し，未知の犯人に前科があるか否かを出力します。

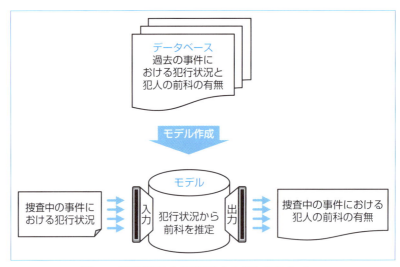

図2-1　犯行状況から前科の有無を推定するプロセス

2.3 前科を推定するためのデータベース例

表2-1は，すでに解決した強姦事件の情報を集めたものです。渡邉ら（2002）の研究をもとにした仮想のデータベースです。後の計算を簡単にするために，標本サイズを犯人20名分と少なくしました。推定したい「前科の有無」が目的変数（従属変数）です。また，それを予測するための変数である「犯人の年齢層」「窃盗（たとえば，被害者の財布を盗むなどの行為）の有無」「指紋工作（たとえば，現場に指紋を残さないようにハンカチでぬぐうなどの行為）の有無」が，説明変数（独立変数）です。説明変数の数も，状況を簡単にするために3つに絞ってあります。犯人の年齢層は被害者の証言に基づくもので，10〜20代を「0」，30〜40代を「1」，50代以上を「2」としました。窃盗・指紋工作・前科については，「1（あった）」「0（なかった）」で示しました。

表 2-1 過去の強姦事件のデータ（仮想データ）

	説明変数			目的変数
	証言による 年齢層	窃盗の 有無	指紋工作 の有無	前科の 有無
犯人1	1	0	1	1
犯人2	1	1	0	1
犯人3	0	1	0	0
犯人4	1	1	1	1
犯人5	1	0	0	0
犯人6	0	0	0	0
犯人7	0	0	0	0
犯人8	1	1	1	1
犯人9	2	0	1	1
犯人10	2	0	1	1
犯人11	0	0	1	1
犯人12	2	1	1	1
犯人13	2	1	0	1
犯人14	0	0	1	0
犯人15	1	0	0	0
犯人16	0	0	0	0
犯人17	0	0	0	0
犯人18	2	1	0	1
犯人19	1	0	0	0
犯人20	2	1	0	1

　表2-1のデータをながめていても，説明変数がどのように目的変数に結びつくかは，なかなか理解できません。このような情報を整理し，「○○で××のときに前科がある可能性が高い」といったわかりやすいルールを発見してくれるのが，決定木です。

2.4　決定木による前科推定モデルの作成

　表2-1のデータを決定木を用いて分析した結果は，たとえば図2-2のように図式化できます。この図の形状が，一番上の根から次々に枝葉を伸ばした（逆さにした）樹木のように見えることから，このような分析図を**木（tree）**と呼びます。四角形の部分は**ノード**といって，目的変数の情報を示しています。一番上のノードは**根（root）ノード**といいます。強姦事件の全犯人（20名）に関する目的変数の情報（前科なしが9名，前科ありが11名）が，表示されています。

　根ノードは，10〜20代（7名），30〜40代（7名），50代以上（6名）という3つの枝に分かれています。それぞれのノードでの目的変数の情報を調べると，10〜20代の7名のうち，前科なしが6名で前科ありが1名，30〜40代の7名のうち，前科なしが3名で前科ありが4名，50代以上の6名のうち，前科なしが0名で前科ありが6名となっています。

　さらに1つ下の枝分かれを見てみます。たとえばノード「10〜20代」の下には，そのノードに含まれる7名がどのように枝分かれしているかが示されています。この例では，「10〜20代

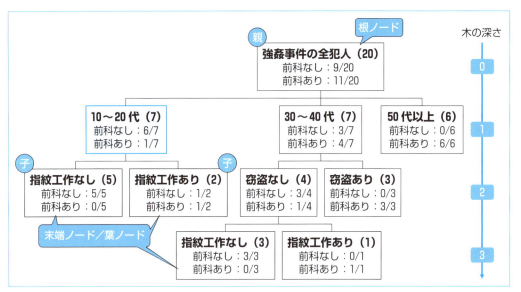

図2-2 木の一例（カッコ内はノードに属する人数）

で，指紋工作がなかったら，そのすべての人に前科がない」と読みとれます。

　この枝分かれはどこまで進むのでしょうか。枝分かれは，ノード内での前科あり・なしの割合が十分に偏るようになったら（たとえば，ノード中の5名中5名が前科なしとなったら），そこで終了します。それ以上枝が分岐していないノードのことを，**末端（terminal）ノード**，もしくは**葉（leaf）ノード**と呼びます。葉ノードは，ふつう複数あり，図2-2には6つあります。

　図2-2では，木は4段構造となっています。このような段数のことを**木の深さ**といいます。根ノードを0とするので，図2-2の場合は木の深さが3となります。また，あるノードから見て分岐のもとになっているノードを**親ノード**といい，分岐の先となっているノードを**子ノード**といいます。たとえば，ノード「10～20代」（ブルーの網がかかっているノード）にとって親ノードは，ノード「全犯人」です。また，子ノードは，ノード「指紋工作なし」とノード「指紋工作あり」の2つです。

　図2-2は，あくまで分岐の一例です。分岐の仕方には，さまざまなパターンが考えられます。30～40代で，窃盗なしの場合，指紋工作の有無によらず，4人中3人は前科なしです。十分にノード内で偏りができたのに，わざわざ指紋工作についての分岐を作る必要はないかもしれません（図2-3①）。また，年齢層は，「10～20代，30～40代，50代以上」と3カテゴリに分ける必要はなく，「10～20代，30代以上」と2カテゴリに分けるだけでよいかもしれません（図2-3②）。あるいは，最初に年齢層ではなく，窃盗の有無で枝を分けてもよいかもしれません（図2-3③）。

　では，いったいどのようにして分岐させていくのがベストなのでしょうか。木を作るときの方針を，次節で説明します。

図 2-3　ほかの木の例

2.5 木の育て方

この節では,どのようにして木を育てるのか(ノードを枝分かれさせるのか)について紹介します。いくつかの方法がありますが,代表的なものはC5.0, CART(Classification And Regression Tree：分類回帰木), CHAID(Chi-squared Automatic Interaction Detector：カイ2乗自動交互作用検出)です。どの方法も,「ノード内での目的変数の純度(purity)を高めるように分岐する」ことを目標としています。

2.5.1 C5.0

C5.0は,エントロピーという指標を利用して,分岐を決めます。エントロピーは,状態の不純度(impurity)や乱雑さを表します。つまり,エントロピーが大きいとは,状態が不純である(乱雑である・整理されていない)ことを意味します。たとえば,1つのノード内に,前科ありが4人,なしが4人混じっている状態は,前科ありが8人,なしが0人という状態よりも,不純度が高いといえます。

まず,図2-4のように,窃盗の有無により枝を分ける場合のエントロピーを考えてみましょう。

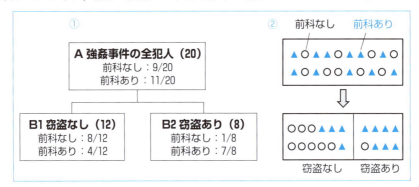

図2-4 窃盗の有無による分岐

図2-4②では,分岐前(上)と分岐後(下)のノード内の状態を,視覚的に示しました。分岐する前よりも後のほうが,ノード内の乱雑さが減った感じがします。窃盗の有無という仕切りで分けたことによって,左の部屋は前科なしの犯人が多く,右の部屋は前科ありの犯人が多くなりました。

各ノード内がどのくらい乱雑か(不純度が高いか)を数値で表すのがエントロピーです。ここで,ノード内の前科ありの比率を$P_{あり}$,前科なしの比率を$P_{なし}$とすると,エントロピーは以下のように計算できます。

$$エントロピー = -P_{なし} \times \log_2 P_{なし} - P_{あり} \times \log_2 P_{あり}$$

エントロピーの下限は0で,乱雑であるほど値が大きくなります。上の式を利用すると,図2-4の分岐する前のノードAにおける,前科の有無に関するエントロピーは,以下のようになります。

$$\text{Aのエントロピー} = -\frac{9}{20} \times \log_2\left(\frac{9}{20}\right) - \frac{11}{20} \times \log_2\left(\frac{11}{20}\right) = 0.993$$

ノードAは,20人中9人が前科なしで11人が前科ありなので,不純度が高いです。もし,ノードAにおいて,20人中前科なし0人,前科ありが20人であれば,不純度が全くない状態なので,エントロピーは0になります。反対に,20人中前科なしが10人,前科ありが10人のときが最も雑然としている状態で,そのときのエントロピーは1になります。

一方,窃盗の有無により2つに分岐したとき,それぞれのノード(B1とB2)のエントロピーは,以下のように計算できます。

$$\text{B1のエントロピー} = -\frac{8}{12} \times \log_2\left(\frac{8}{12}\right) - \frac{4}{12} \times \log_2\left(\frac{4}{12}\right) = 0.918$$

$$\text{B2のエントロピー} = -\frac{1}{8} \times \log_2\left(\frac{1}{8}\right) - \frac{7}{8} \times \log_2\left(\frac{7}{8}\right) = 0.544$$

この2つを,各ノードに含まれる標本サイズ(B1が12,B2が8)の比率で重みづけて足し合わせます。これは,ノードAにぶら下がるノードB1とB2のエントロピーなので,「A×Bのエントロピー」と書くことにします。

$$\text{A×Bのエントロピー} = \frac{12}{20} \times \text{B1のエントロピー} + \frac{8}{20} \times \text{B2のエントロピー}$$
$$= 0.768$$

分岐前(A)と比べ,分岐後(A×B)のほうがエントロピーが小さければ(不純度が低ければ),分岐する意味があるということになります。分岐前(A)のエントロピーから,分岐後(A×B)のエントロピーを引いた値を,**利得(gain)** と呼びます。

$$\text{AからBの利得} = \text{Aのエントロピー} - \text{A×Bのエントロピー}$$
$$= 0.993 - 0.768 = 0.225$$

この値は,窃盗の有無により前科の有無を分けることで,単なる前科の有無の状態(A)か

らどれくらい不純度が低下したかを表します。利得が大きいほど，分岐によって不純度が低減したことになります。

ところで，利得は，前科ありと前科なしをグループ分けするために，窃盗あり・なしという変数が有効であるかどうかを表しています。しかし，分岐するカテゴリ数（ここでは窃盗あり・なしの2です）が大きいとき（たとえば3つ又以上のとき），利得は大きくなりやすいです。そこで，その傾向を除くために，窃盗あり・なしという変数そのものの不純度の大きさで割ります。これが利得比です（図2-5）。

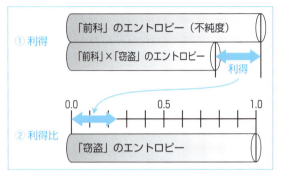

図2-5 利得と利得比の図解

$$
\text{AからBの利得比} = \frac{\text{AからBの利得}}{\text{窃盗のエントロピー}}
$$

$$
= \frac{0.993 - 0.768}{-\frac{12}{20} \times \log_2\left(\frac{12}{20}\right) - \frac{8}{20} \times \log_2\left(\frac{8}{20}\right)}
$$

$$
= \frac{0.225}{0.971} = 0.232
$$

C5.0ではこの利得比により，分岐による不純度の低下を評価します。利得比が大きいほど，不純度が低下するよい分岐となります。

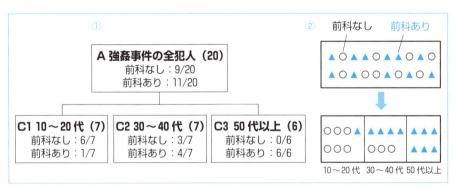

図2-6 年齢層による分岐

次に，図2-6①のように，年齢層によって分岐することを考えます。図2-6②を見ると，年齢層で分けたときも，窃盗の有無で分けたときと同じく，視覚的にはすっきりするように見え

ます。

　では，窃盗の有無による分岐と年齢層による分岐の，どちらがよい（よりノード内が整理される）といえるでしょうか。見た目では「図2-4②vs.図2-6②」の判断は難しいです。そこで，先ほどと同じように，年齢層で分岐したことによる利得比を求めてみます。C1・C2・C3のエントロピーをそれぞれ求めると，以下になります。

$$\text{C1のエントロピー} = -\frac{6}{7} \times \log_2\left(\frac{6}{7}\right) - \frac{1}{7} \times \log_2\left(\frac{1}{7}\right) = 0.592$$

$$\text{C2のエントロピー} = -\frac{3}{7} \times \log_2\left(\frac{3}{7}\right) - \frac{4}{7} \times \log_2\left(\frac{4}{7}\right) = 0.985$$

$$\text{C3のエントロピー} = -\frac{0}{6} \times \log_2\left(\frac{0}{6}\right) - \frac{6}{6} \times \log_2\left(\frac{6}{6}\right) = 0$$

　これを先ほどと同様に，C1，C2，C3内の人数比で重みづけて足し合わせ，さらに利得比を計算すると，以下のようになります。

$$\text{AからCの利得比} = \frac{\text{AからCの利得}}{\text{年齢層分岐のエントロピー}}$$

$$= \frac{0.993 - \left(\frac{7}{20} \times 0.592 + \frac{7}{20} \times 0.985 + \frac{6}{20} \times 0\right)}{-\frac{7}{20} \times \log_2\left(\frac{7}{20}\right) - \frac{7}{20} \times \log_2\left(\frac{7}{20}\right) - \frac{6}{20} \times \log_2\left(\frac{6}{20}\right)}$$

$$= \frac{0.441}{1.581} = 0.279$$

　利得比は，分岐により情報が整理された程度を表します。そのため，より利得比が大きい「年齢層」による分岐（図2-6）のほうが，「窃盗の有無」による分岐（図2-4）よりもよいと判断できます。

　一方，年齢層は，「10～20代・30～40代・50代以上」の3カテゴリではなく，たとえば「10～20代・30代以上」（図2-7）や，「10～40代・50代以上」（図2-8）といったように，2カテゴリに分けることもできます。それぞれの利得比を求めてみると，「10～20代・30代以上」の分岐では0.299，「10～40代・50代以上」の分岐では0.380でした。したがって年齢層は，3つのグループに分けるよりも，「10～40代・50代以上」の2つのグループに分けるほうがよいと判断できます。

図 2-7　年齢層による分岐（10〜20代・30代以上に分岐）

図 2-8　年齢層による分岐（10〜40代・50代以上に分岐）

　このように，利得比の観点から，最も目的変数を見分けるのに効果の高い変数で分岐していきます。2段目，3段目の分岐についても同様です。これをくり返していくと，最終的に図2-9のような木が得られます。

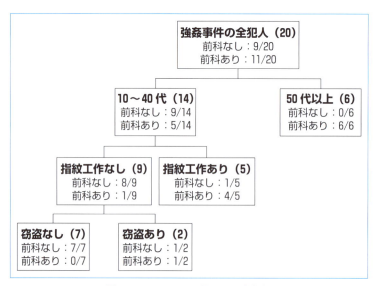

図 2-9　C5.0 により得られた決定木

2.5.2 CART（分類回帰木）

CARTでは，分岐の基準となるノードの不純度を表すのに，エントロピーではなく**Gini指標**を用います。Gini指標は，一般的にはジニ係数という名称で，所得の格差（不平等さ）を表すために使います。格差が大きければ，つまり不純度が大きければ，Gini指標は大きくなります。一方，格差が小さければ，つまり不純度が小さければ，Gini指標は小さくなります。

ただし，CARTは，図2-6のような3つ又以上の分岐を作りません。3つ又以上の枝をもつ木を**多進木（たしんぎ）**といい，作られる木がすべて2又であるような木を**二進木（にしんぎ）**といいます。CARTは二進木しか作らないことに注意してください。

ノード内の前科なしの比率を$P_\text{なし}$，前科ありの比率を$P_\text{あり}$とすると，Gini指標は以下のように計算します。

$$\text{Gini指標} = 1 - \left\{(P_\text{なし})^2 + (P_\text{あり})^2\right\}$$

Gini係数は0～1までの値をとります。ノード内の不純度が低いほど0に近くなり（$P_\text{なし}=1$あるいは$P_\text{あり}=1$のときを考えてみてください），不純度が高いほど1に近くなります。

まず，図2-4のような「窃盗の有無」による分岐を考えます。最初に，根ノード（A）でのGini指標を求めます。

$$\text{AのGini指標} = 1 - \left\{\left(\frac{9}{20}\right)^2 + \left(\frac{11}{20}\right)^2\right\} = 0.495$$

次に，窃盗の有無で分岐させたときの，それぞれのノード（B1・B2）でのGini指標を求めます。

質問コーナー

二進木と多進木はどのような違いがありますか？

二進木は，分岐がいつも二又（ふたまた）なので，多進木よりも木が深くなりやすいです。最終的にできた木から，「30代以上で，指紋工作があれば～」などと，ルールをシンプルに言語化できます。一方で，多進木は木が浅くなりやすいので，木の構造を解釈しやすいです。この点，二進木は，「10～20代・30代以上」で分岐した「30代以上」の下に，「30～40代・50代以上」で分岐するなど，同じ変数が異なる層でくり返し分岐して，木の全体的な構造をとらえるのが難しくなることがあります。

$$\text{B1のGini指標} = 1 - \left\{\left(\frac{8}{12}\right)^2 + \left(\frac{4}{12}\right)^2\right\} = 0.444$$

$$\text{B2のGini指標} = 1 - \left\{\left(\frac{1}{8}\right)^2 + \left(\frac{7}{8}\right)^2\right\} = 0.219$$

この2つを,各ノードに含まれる標本サイズ(B1が12,B2が8)で重みづけて,足し合わせます。これが,ノードAにぶら下がるノードB1・B2を合わせたB全体のGini指標です。

$$\text{A×BのGini指標} = \frac{12}{20} \times \text{B1のGini指標} + \frac{8}{20} \times \text{B2のGini指標} = 0.354$$

そして,先述したエントロピーの利得と同じく,分岐前(A)と比べて分岐後(A×B)のほうがGini指標が小さければ(つまり純度が高ければ),分岐する意味があるということになります。

$$\text{Gini指標の差} = \text{AのGini指標} - \text{A×BのGini指標} = 0.495 - 0.354 = 0.141$$

今度は「年齢層」による分岐を考えます。CARTでは3つ又の分岐を作れないので,年齢層を2カテゴリに再区分して考えます。まず,「10〜20代・30代以上」に分けたとき(図2-7),分岐前後のGini指標の差は0.179でした。続いて,「10〜40代・50代以上」に分けたときは(図2-8),分岐前後のGini指標の差は0.174でした。つまり,Gini指標によると,「10〜20代・30代以上」による分岐のほうが,「窃盗の有無」や「10〜40代・50代以上」による分岐よりも,ノード内の純度が高まることになります。したがってこの中では,「10〜20代・30代以上」で分けるのがよいと判断できます。

このようにGini指標の差に基づいて分岐を進めていくと,最終的に図2-3②のような決定木が得られます。

2.5.3 CHAID(カイ2乗自動交互作用検出)

CHAIDは,C5.0やCARTとは少し考え方が違います。ノードを分岐させるか否かを,カイ2乗(χ^2)検定(本シリーズ第1巻7章を参照)という統計的な検定の結果に基づき,決定します。

まず,図2-4のように,根ノードを「窃盗の有無」によって分岐することを考えます。この分岐について,表2-2のようなクロス表を作成します。カッコ内は期待度数です。実際の度数と期待度数を比べて,

表2-2 窃盗の有無と前科の有無のクロス表

	窃盗なし	窃盗あり	計
前科なし	8 (5.4)	1 (3.6)	9
前科あり	4 (6.6)	7 (4.4)	11
計	12	8	20

χ^2値を求めます。得られたχ^2値は5.69，自由度は1なので，p値は0.017です。有意水準を$p<0.05$とすると，「窃盗の有無によって前科の有無に有意な違いが見られる」といえます。つまり，窃盗の有無による分岐は，前科の有無を見きわめるうえで意味があるといえます。

次に，根ノードを「年齢層」で分岐することを考えます。CHAIDでは3つ又以上の分岐が可能です。したがって，図2-6のように「10～20代・30～40代・50代以上」の3つのカテゴリに分岐することができます。一方，「10～20代・30代以上」（図2-7），もしくは「10～40代・50代以上」（図2-8）といったように，2つのカテゴリにまとめ直して分岐することもできます。どのような分岐がよいかを調べるため，以下の3つの場合について，それぞれχ^2検定を行います。

(1)「10～20代」「30～40代」「50代以上」に分岐した場合
(2)「10～20代」と「30代以上」に分岐した場合
(3)「10～40代」と「50代以上」に分岐した場合

たとえば(1)については，表2-3のようなクロス表で，χ^2検定を行います。結果は$\chi^2_{(2)} = 9.61\ (p = 0.008)$となります。(2)は$\chi^2_{(1)} = 7.21\ (p = 0.007)$，(3)は$\chi^2_{(1)} = 7.01\ (p = 0.008)$です。どの$p$値も0.05以下ですし，その違いはわずかですが，ここでは最もp値が小さい，(2)の「10～20代・30代以上」の2カテゴリへの分岐を採用します。

表2-3　年齢層が3カテゴリのときの前科についてのクロス表

	10～20代	30～40代	50代以上	計
前科なし	6 (3.2)	3 (3.2)	0 (2.7)	9
前科あり	1 (3.9)	4 (3.9)	6 (3.3)	11
計	7	7	6	20

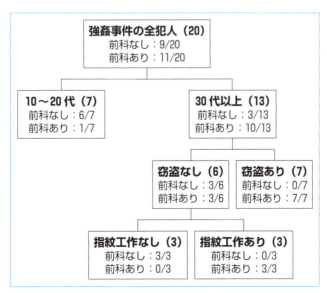

図2-10　CHAIDにより得られた決定木（有意水準$p<0.05$のとき）

また,「10〜20代・30代以上」で分岐したときのp値(0.007)は,窃盗の有無で分岐したときのp値(0.017)よりも小さいです。そのため,「窃盗の有無」よりも,「10〜20代・30代以上」という年齢層によって分岐するほうが適切だと判断できます。

このような分岐の手続きを,χ^2検定の結果が有意でなくなるまでくり返します。最終的に得られる木は,有意水準を$p<0.05$にすると図2-10,$p<0.1$まで許容すると図2-3②のようになります。

2.5.4 木を育てる方法による違い

表2-4に,今まで見てきた3つの方法の主な違いをまとめました。CARTは2又の分岐をもつ木(2進木)しか作りませんが,C5.0とCHAIDは3つ又以上の分岐(多進木)が可能です。分岐の手続きは,C5.0とCARTが似ています。C5.0とCARTは,CHAIDのような統計的検定を使いません。分岐により指標に少しでも改善が見られれば,それが統計的に有意とはいえないレベルでも,分岐を進めます。結果として,C5.0とCARTは,CHAIDよりも分岐が多い木が得られがちで,木の深さも深くなりやすいです。そのため,実際のソフトウェアでは,木の深さに制限をもたせている場合があります。

表2-4 木を育てる方法間の違い

	C5.0	CART	CHAID
木の形	多進木(多分岐の木)が可能	二進木(2又の木)のみ可能	多進木(多分岐の木)が可能
分岐の指標	エントロピーによる利得比	Gini指標の差	χ^2検定
分岐の終了点	指標の改善が見られなくなったとき	指標の改善が見られなくなったとき	有意差が見られなくなったとき

もちろん,CHAIDを用いても,p値の基準をゆるめれば,たくさんの枝をもつ木を作ることができます。たとえば,図2-10(有意水準$p<0.05$のとき)と,図2-3②($p<0.10$のとき)を比べてみてください。標本サイズが小さいときは分岐が有意になりにくいので,p値の基準をゆるめるとよいでしょう。

一方,C5.0とCARTを比べると,エントロピーを使うC5.0のほうが,ノード内の標本サイズが小さくなっても,純度が高くなる分岐が選ばれやすいです。たとえば,先ほどの例を見ると,C5.0ではCARTと違い,「10〜20代・30代以上」ではなく「10〜40代・50代以上」という分岐が選ばれました。これは,「50代以上」のノードの純度がきわめて高いためです。

実際のソフトウェアでは,「木を育てる」という行程のあとに「枝を刈る」という過程を含めるなど,さまざまな手続きを用いることができます。実際の分析のときにはいろいろな方法を検討してみてください。

2.6 木の検証

前節から，C5.0により図2-11①の木を，CARTとCHAID（有意水準を$p<0.10$としたとき）により②の木を作成しました。この2つのうち，どちらの木のほうがより"よい"といえるでしょうか。

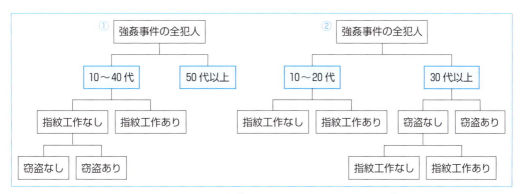

図2-11　C5.0による木①と，CART・CHAIDによる木②

木のよさは，新しいデータへの当てはまりから評価できます。そもそも今回の分析の目的は，未知の犯人を捕まえるため，データベースに記録されている過去の犯行の状況から，前科の有無を推定するためのルールを得ることでした。そのため，過去のデータによく当てはまるだけではなく，新しいデータにも当てはまりがよい木が望ましいです。

木が新しいデータに対しても当てはまりがよいかを検証するためには，追加のデータを用意する必要があります。しかし，犯罪捜査などでは，簡単には追加のデータを得られません。そこで本節では，手持ちのデータを使った検証方法である，**交差妥当化検証（cross validation）**を紹介します。

まず，手持ちのデータを，任意の数のグループに分割します（図2-12）。ここでは20名の犯人のデータ（表2-1）がありますので，これを4分割して5名ずつのグループにしてみましょう。そのうち1つのグループ（5名分）を「テストデータ」（新規データの代わり），残りの3つのグループを統合したものを「学習データ」とします。

次に，15名分の学習データを，木①と②に当てはめます。犯人6〜20のデータから木を作った結果は，図2-13のとおりです。そして，残りの5名のテストデータを，図2-13の木①と②により判定します。

このように，データを分割して，データの一部を用いてモデルを作成し，残りのデータによりモデルの妥当性を検討するのが，

図2-12　データの分割

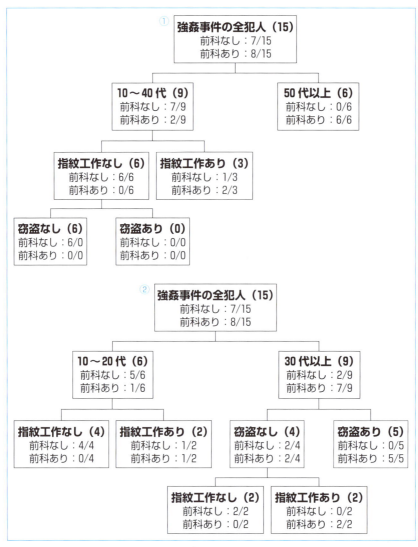

図2-13 図2-11の木を学習データ（犯人6～20）から作成した場合

交差妥当化検証です。

たとえば、犯人1は、証言によると年齢30～40代で、指紋工作が見られ、窃盗は見られませんでした。このような場合、決定木①をたどっていくと、前科がある確率は2/3で67%となります。これは、もともと前科がある確率（8/15で53%）よりも高いため、「犯人1は前科がある」と判定します。実際に犯人1には前科があるので、これは正しい判定となります。

犯人1～5のテストデータを判定した結果は、表2-5のようになります。対角線のマス（濃いブルーの部分）の数字が、正し

表2-5 テストデータ（犯人1～5）の判定結果

	木①での判定		木②での判定	
	前科あり	前科なし	前科あり	前科なし
前科あり	2	1	3	0
前科なし	0	2	0	2

く判定できた数です。木①では，5名中4名を正しく判定できました。一方，木②では，5名中5名を正しく判定できました。

この手続きを，以下のように4回くり返します（図2-14も参照）。

(1) テストデータ：犯人1〜5　　学習データ：犯人6〜20
(2) テストデータ：犯人6〜10　　学習データ：犯人1〜5 & 11〜20
(3) テストデータ：犯人11〜15　　学習データ：犯人1〜10 & 16〜20
(4) テストデータ：犯人16〜20　　学習データ：犯人1〜15

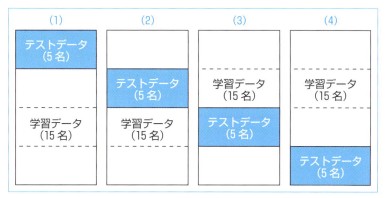

図2-14　学習・テストのくり返し

表2-6に，4回のテストの判定結果を集計しました。木①は90％＝(10+8)/20の確率で，犯人の前科を正しく判定できました。一方，木②は95％＝(10+9)/20の確率で，犯人の前科を正しく判定

表2-6　テストデータ（犯人1〜20）による判定結果

	木①での判定		木②での判定	
	前科あり	前科なし	前科あり	前科なし
前科あり	10	1	10	1
前科なし	1	8	0	9

できました。このことから，決定木①よりも②のほうが，新たなデータを予測するのに適した木だと考えられます。

2.7　最終的な決定木と捜査中の事件への適用

以上により，図2-15のような木が得られました。年齢が高くなるほど前科がある可能性が高まることは，ある意味当然です。一方，前科がある，つまり以前に逮捕された経験がある人は，何が証拠となって自分が逮捕されたかについて説明を受けています。そのため，次に犯行を行うときは，個人識別の可能性が高い情報を，現場に残すことを避けるようになります。また，捜査員の間では経験的に，犯人の目的が強姦よりも窃盗にある場合は，前科をもっている可能性が高いといわれています。このように，得られた木は，捜査員の経験と照らし合わせても，合理的な解釈ができるものになっています。

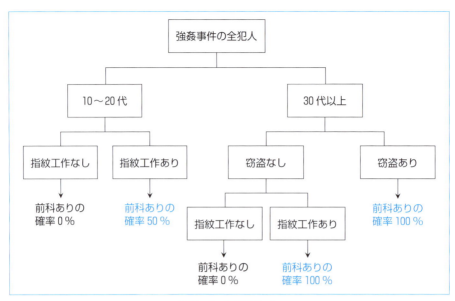

図 2-15 最終的な木

このように作成した木から，未解決事件の犯人に前科があるかないかを推定していきます。たとえば，第1章の事件1の犯人は，窃盗と指紋工作を行っていました。被害者の証言によると，年齢は30〜40代でした。そのため，前科がある可能性が高いと推定できます。

ただし，今回のデータ数は，20例と少ないものでした。実際に運用できる木を作成するには，さらにデータを増やし，また説明変数を増やして，精度を上げていく必要があります。

2.8 まとめ

本章では，決定木により，犯人の属性を推定する方法を紹介しました。決定木は犯人像の推定においてよく使われるのですが，それはなぜでしょうか。大きな理由は2つあります。

まず，決定木は，質的（カテゴリカルな）データを中心とした推定に適した方法であることです。捜査資料から得られる情報は，「刃物を使用したか否か」「会話があったか否か」など，カテゴリカルなものが多いです。また，知りたい変数（目的変数）も，「前科があるか否か」「有職者か否か」など，カテゴリカルな場合がほとんどです[*5]。決定木は，プロファイラーにとって，手持ちのデータから知りたいことを直接的に推定できる手法になっています。

もう1つの理由は，決定木の結果が言語化しやすいことです。プロファイリングの結果は，捜査員の理解がともなわないと十分に捜査に活かせません。捜査員にとっては，「窃盗と指紋工作の前科に対する影響は，0.38と0.45だ」と回帰式などで説明されるより，日常言語を用いて，

[*5] 目的変数が量的変数でも，決定木を使うことはできます。これを回帰木（かいきぎ：regression tree）といいます。

「窃盗がなくても指紋工作があれば，前科がある確率が高い」と説明されたほうが，ずっとわかりやすいです．また，このような決定木の判定ルールは，今までの捜査経験と簡単に照らし合わせることができます．捜査員は，プロファイリングの結果をよく理解し，また納得して捜査に取り組むことができます．決定木は，「統計的に妥当な結果を示したい」，「でも捜査員にわかりやすく伝えたい」というプロファイラーの要望にマッチした方法だといえるでしょう．

【文献】
岡太彬訓・守口剛（2010）．マーケティングのデータ分析——分析手法と適用事例．朝倉書店
豊田秀樹（2001）．金鉱を掘り当てる統計学——データマイニング入門．講談社
渡邉和美・鈴木護・横田賀英子・岩見広一・渡辺昭一（2002）．性犯罪事件特徴に基づく前歴者の犯行の識別可能性に関する検討．犯罪心理学研究，40，102-103．
山口和範・高橋淳一・竹内光悦（2004）．図解入門よくわかる多変量解析の基本と仕組み——巨大データベースの分析手法入門．秀和システム

問1：下図のように根ノードを指紋工作によって分岐させたときの，エントロピーの利得比とGini指標差を計算してください。また，分岐によるクロス表を作成して，χ^2検定を行ってください。

図　指紋工作による分岐

問2：交差妥当化検証を行ってみましょう。表2-1の犯人1〜15のデータから，決定木（図2-11②）を作成し，犯人16〜20のデータを判定してください。

第3章 生理反応から犯人の記憶をさぐる
——ナイーブベイズ法

　プロファイリングなどの犯罪捜査により容疑者を絞り込んだら，次はその容疑者が実際に事件に関わっているかを調べていくことになります。このときに役立つ心理学的な技術が，ポリグラフ検査です。ポリグラフ検査では，容疑者の生理反応から，事件に関する記憶の有無を推定します。この推定を統計的に行う方法のひとつとして，ナイーブベイズ法を紹介します。

3.1 ポリグラフ検査とは

　ポリグラフ検査は，心理生理学を利用した科学捜査です。「心拍数が変化する」「汗をかく」などの生理反応を手がかりに，容疑者と事件との関わりをさぐります。俗に"うそ発見器"といわれる検査です。うそ発見器というと，「あなたが犯人ですか？」などと質問し，容疑者が動揺しているかどうかを生理反応から調べる，という検査をイメージすることでしょう。しかし，このような質問の仕方では，実際に事件に関わっている人だけでなく，無関係な人も動揺してしまうかもしれません。そうなれば，検査の結果があてにならなくなってしまいます。

　現在，心理学界で推奨されているポリグラフ検査の質問法は，隠匿情報検査法（Concealed Information Test：CIT）というものです。隠匿情報検査法では，うそではなく，事件に関する記憶を調べます。たとえば，前章までの強姦事件で，犯人は女性の首をネクタイで絞めていたとします。このことは報道されておらず，被害者・捜査側と犯人しか知らない情報でした。後日，捜査線上に浮かんできた容疑者は事情聴取に応じ，「事件については何も知らない」と供述しました。

　このような場合，隠匿情報検査法では容疑者に対して，「犯人は何を使って女性の首を絞めたか」をたずねます。① ストッキングですか，② ベルトですか，③ タオルですか，④ スカーフですか，⑤ ネクタイですか，といった5種類の質問をします。質問の項目は，無実の人であればどれが使われたのかわからないように選びます。そして，各質問項目を提示したときの生理反応を測ります（図3-1）。容疑者がどの項目に対しても同じような生理反応を示すのであれば，「ネクタイが使われたことを知らない」と判定します。一方，ネクタイに対して他とは違う反応を示すのであれば，「ネクタイが使われたことを知っている」と判定します。

　わが国の警察では，このような隠匿情報検査法を使ったポリグラフ検査が，組織的に導入さ

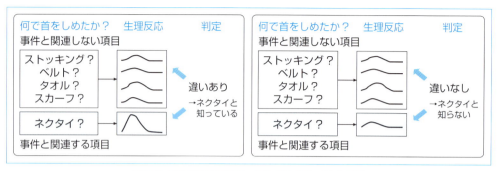

図 3-1　隠匿情報検査法によるポリグラフ検査の例

れています。各都道府県警に計100名ほどの検査者がいて，年間5,000件ほどの検査を行っています（Osugi, 2011）。

3.2　ポリグラフ検査における生理反応

　わが国のポリグラフ検査では，呼吸，汗腺活動，心拍数，末梢血管の状態など，さまざまな生理反応を同時に測定します（図3-2）。呼吸は，息を吸うとお腹がふくらみ，吐くとへこむこ

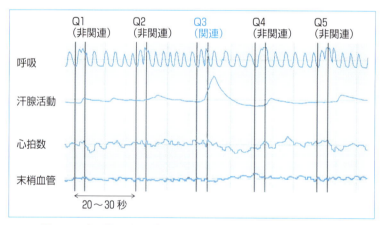

図 3-2　ポリグラフ検査データ（Osugi, 2011, p.270 を一部改変）

質問コーナー

なぜ事件と関係する項目が提示されると，心拍数が下がるのですか？

　よくいわれる「うそをつくとドキドキする」とは，反対の現象です。事件に関係する項目が示されると心拍数が低下するのは，その項目に対して注意が向くからだとされています。心拍や呼吸を少なくすることで，それによって生じる体の動きを抑えることができます。そのぶん，情報の処理に注意資源を多く割くことができると考えられます。

とを利用して，お腹の周囲長の変化として測定します。汗腺活動は，汗腺が汗で満たされると電気が流れやすくなることを利用して，指先の電気の流れやすさ（μS〈マイクロジーメンス〉）を測定します。心拍数は，心臓の拍動と拍動の時間間隔を求め，その逆数から1分あたりの心拍の数（beat per minute：bpm）を計算します。末梢血管の状態は，拍動にともなって生じる指先の脈動を規準化して測定します。規準化しているため単位がありません。

　検査では，事件に関連する項目と関連しない項目との間で，生理反応に違いがあるかを見きわめます。図3-2では，事件に関連する項目のQ3に対して，他とは異なる反応が見られます。この場合，「容疑者は事件に関連する項目を記憶している」と推定します。実際には，項目の提示順序の効果を相殺するために，提示順序を変えて5回ほどくり返し検査します。

　一般に，記憶と一致する項目が提示されたとき，それ以外の項目が提示されたときと比べて心拍数は低下し，末梢血管は収縮し，汗腺活動は増大し，呼吸は抑制されます。図3-2では，Q3に対して汗腺活動が増大しています。他にも，呼吸の抑制や，心拍数の低下が見られます。

　このように，ポリグラフ検査では複数の生理指標の情報を統合して，「質問項目によって反応に違いがあるか否か」を判定します。訓練を受けた検査者であれば，目視でも高い正確性で判定することができます[*6]。しかし，統計的な手法を使って判定したほうが，「判定の根拠が誰にでもわかる」という意味で，より客観的といえるでしょう。本章では，ポリグラフ検査のデータを，統計的に判定する方法の一例を紹介します。

3.3　ポリグラフ検査のデータ例

　強姦事件の容疑者に対して，図3-1のようなポリグラフ検査を実施しました。検査は，項目の提示順を変えて，5回くり返しました。心拍数・末梢血管・汗腺活動・呼吸を測定し，各項目に対する反応量を求めました。心拍数は，項目提示後5〜15秒の値を平均しました。末梢血管は，項目提示後0〜10秒間の値を平均しました。汗腺活動は，項目提示後からの最大変化量として求めました。呼吸は，息を吸ってから吐ききるまでの時間の逆数から，1分あたりの呼吸数（cycle per minute：cpm）を求め，項目提示後5〜15秒の値を平均しました。その結果，各生理指標について，25個（5項目×5回のくり返し）のデータを得ました。表3-1は心拍数の結果を示したものです（実際にはMatsuda et al.〈2006〉の実験結果の一部です）。

　関連項目と非関連項目との間で，生理反応（心拍数・末梢血管・汗腺活動・呼吸数）を比較します。提示順序の影響を相殺するため，5回くり返した結果を平均した値を，以後の分析で用います。各生理指標について，関連項目に対する反応5個（1項目×5回くり返し）を平均した値と，非関連項目に対する反応20個（4項目×5回くり返し）の反応値を平均した値を，表3-2に示しました。

---

*6　事件と関連する項目について記憶がある人を，「記憶あり」と正しく判定する確率は86％，記憶がない人を「記憶なし」と正しく判定する確率は95％，と報告されています（小川ら，2013）。

表 3-1 ポリグラフ検査における容疑者の心拍数 (bpm)

くり返し	ネクタイ（関連）	ストッキング（非関連）	ベルト（非関連）	タオル（非関連）	スカーフ（非関連）
1回目	55.0	60.2	57.8	60.6	58.7
2回目	58.2	59.3	63.5	60.8	61.8
3回目	59.0	58.6	57.3	61.0	57.5
4回目	60.4	58.3	60.9	60.6	60.7
5回目	63.8	63.8	65.3	61.2	61.1

表 3-2 容疑者の生理反応の平均

	心拍数 (bpm)	末梢血管	汗腺活動 (μS)	呼吸数 (cpm)
関連項目の平均	59.3	4.95	0.401	12.4
非関連項目の平均	60.4	4.87	0.251	10.5
関連−非関連	−1.14	0.071	0.157	1.95

さて，この容疑者は，犯行にネクタイが使われたことを知っているのでしょうか。これを統計的に推定するための方法としてすぐに思いつくのは，関連・非関連項目間で生理反応の平均値を比較する t 検定です（本シリーズ第2巻1・2章も参照）。でも，関連項目に対する反応は，5個しか得られていません。これは t 検定を行うにはすこし少ないです。また，t 検定では，生理指標ごとに検定を行います。しかし，ポリグラフ検査では，複数の生理指標の情報を統合して判定する必要があります。

そこで本章では，t 検定ではなくナイーブベイズ法（Allen et al., 1992）により判定する方法を紹介します。まず，ネクタイが犯行に使われたことを容疑者が知っているかどうかを，1つの生理指標（ここでは心拍数）から判定する方法を説明します。次に，その方法を応用して，複数の生理指標の情報を統合して判定する方法を説明します。

本題に入る前に，議論をシンプルにする工夫として，心拍数・末梢血管・呼吸数の反応値の符号を反転させておきます。先述のとおり，記憶と一致した項目が提示されると心拍数が減少し，末梢血管が収縮し，汗腺活動が増大し，呼吸が抑制される傾向があります。つまり，心拍数・末梢血管・呼吸数は，数値が小さいほど容疑者が事件に関する記憶をもっている可能性が高い，「大きな反応」ということになります。質問紙でいう「逆転項目」と考えてよいでしょう。一般に，「大きな反応」ほど「大きな数値」を割り当てるほうが，解釈しやすくなります。そこで，心拍数・末梢血管・呼吸数の反応値については，正負を逆転させます。表3-2の最終行は，表3-3のようになります。

表 3-3 容疑者の生理反応の平均（心拍数・末梢血管・呼吸数の符号を調整済み）

	心拍数 (bpm)	末梢血管	汗腺活動 (μS)	呼吸数 (cpm)
関連−非関連	1.14	−0.071	0.157	−1.95

3.4 ベイズ法による心拍数からの記憶の判定

まずは，心拍数のみの結果から，容疑者が事件に関する項目を記憶しているか否かを判定します。関連・非関連項目間の心拍数には，1.14 bpm という差がありました。この差の大きさを，過去に行った検査で記憶があったケース/なかったケースでの心拍数の差と，照らし合わせて評価します。さらに，ベイズ法により，容疑者が事件に関する記憶をもっている確率を求めます。

3.4.1 生理反応の違いの評価

関連項目と非関連項目との心拍数の違いが意味のある差かどうかを，過去のデータと照らし合わせて評価します。過去のデータをもとに，「これ以上差が大きければ，記憶がある可能性が高い（陽性）」「これ以下の差であれば，記憶がない可能性が高い（陰性）」とする，閾値（いきち）を見つけます。

まずはデータベースを作成します。過去に行った検査のうち，その後の捜査で，事件に関連する項目を記憶していたことが判明したケースと，記憶していなかったことが判明したケースを，それぞれ集めます。今回は，事件に関する項目を記憶していた15名（記憶あり群），事件に関する項目を記憶していなかった15名（記憶なし群），計30名のデータを集めました。

次に，このデータベースから判定の閾値を求めます。記憶あり群・なし群それぞれにおいて，関連項目と非関連項目との心拍数の違いを分布として表すと，図3-3のようになります。心拍数の違いが閾値以上であれば「陽性」，閾値より小さければ「陰性」と判定します[*7]。閾値の決め方は任意ですが，今回は標準的なものを使いましょう。記憶あり群を「陰性」と誤って判定する確率（図3-3のグレーの部分）と，記憶なし群を「陽性」と誤って判定する確率（図3-3のブルーの部分）が，できるだけ等しくなるように閾値を決めます。すると，心拍数の閾値は 0.767 bpm になりました。

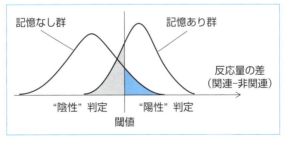

図3-3　データベースにおける記憶あり群・なし群の反応差の分布

---

*7　ここでは，信号検出理論の一般的な用語にならって，反応が閾値以上であれば「陽性」，閾値より小さければ「陰性」としました。

この閾値を使ったとき，データベースの記憶あり群・記憶なし群がどのように判定されるかを，表3-4に示しました。記憶あり群を陰性と判定する確率（0.100）と，記憶なし群を陽性と判定する確率（0.133）が，だいたい同じ値になっています。

表3-4　閾値により心拍数のデータベースを判定した結果

人数（割合）	判定		計
	陽性	陰性	
記憶あり群	12 (0.400)	3 (0.100)	15 (0.500)
記憶なし群	4 (0.133)	11 (0.367)	15 (0.500)
計	16 (0.533)	14 (0.467)	30 (1.000)

　さらに，この閾値を用いて，いま行った検査で得られた容疑者の心拍数（表3-3）が陽性か陰性かを判定します。関連・非関連項目間の心拍数の差1.14 bpmは，閾値0.767 bpmより大きいため，検査の結果は「陽性」となります。

3.4.2　ベイズ法

　しかし，検査結果が「陽性」であれば，そのまま「記憶あり」と判定してよいのでしょうか。表3-4や図3-3からもわかるとおり，「陽性」であっても記憶がない場合があります。したがって，心拍数から「陽性」と判定したとしても，実際に容疑者が事件に関して記憶しているかどうかは，確率的に評価するしかありません。

　求めたいのは，心拍数から陽性と判定したとき，実際に容疑者に事件に関する記憶がある確率です。これは，以下のようなかたちで表します。

$$P(記憶あり | 陽性)$$

　この確率は，少し長いですが正確に表現すると，「心拍数から検査結果が陽性であることが与えられたときに（わかったいま），容疑者に事件に関する記憶がある確率」を表しています。このような「|」で区切られた確率の表現を，**条件つき確率**といいます。本項では，この条件つき確率を計算するための方法を紹介します。

●**場合分け**●　条件つき確率を計算するには，図3-4のように，場合に分けて考えます。

　まず，図3-4の列に注目します。左の列全体は，事件に関する記憶があるかないかにかかわらず，陽性の検査結果が得られる確率です（図3-5ⓐ）。同様に右の列全体は，記憶があるかないかにかかわらず，陰性の検査結果が得られる確率です（図3-5ⓑ）。左列と右列を合わせた全体の確率は，すべての場合を網羅しているので，1.0（100％）となります。

　今度は図3-4の行に注目します。上の行全体は，検査結果にかかわらず，そもそも事件に関する記憶がある確率です（図3-5ⓒ）。下の行全体は，検査結果にかかわらず，そもそも事件に関する記憶がない確率です（図3-5ⓓ）。上の行と下の行を合わせた全体の確率も，すべての場合を網羅しているので，1.0になります。

　もう少し図3-4を詳しく見ていきます。図の左上の部分は，「事件に関する記憶があり，か

	検査結果が陽性	検査結果が陰性
記憶あり	P(記憶あり∩陽性) 事件に関する記憶があり 検査結果が陽性である確率 （表3-4では0.400）	P(記憶あり∩陰性) 事件に関する記憶があり 検査結果が陰性である確率 （表3-4では0.100）
記憶なし	P(記憶なし∩陽性) 事件に関する記憶がなく 検査結果が陽性である確率 （表3-4では0.133）	P(記憶なし∩陰性) 事件に関する記憶がなく 検査結果が陰性である確率 （表3-4では0.367）

図 3-4　おこりうる事象と確率

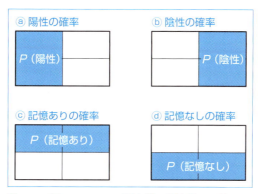

図 3-5　図 3-4 における陽性 ⓐ, 陰性 ⓑ, 記憶あり ⓒ, 記憶なし ⓓ の確率

つ，検査結果が陽性である確率」と考えることができます。∩はかつあるいはキャップと読みます。事件に関する記憶があり，かつ，検査結果も陽性であるわけですから，これは正しい判定です。続いて，右上の部分は，記憶があるにもかかわらず，検査の結果が陰性であった場合の確率です。これは誤った判定といえます。左下は，記憶がないにもかかわらず，検査では陽性であると誤って判定された場合の確率です。最後に，右下の部分は，記憶がなく，かつ検査でも陰性と正しく判定された場合の確率です。

●ベイズの定理●　さて，現在の分析の目的は，「心拍数から検査結果が陽性であることが与えられたときに，容疑者に事件に関する記憶がある確率」であるP(記憶あり|陽性)を求めることでした。この条件つき確率は，以下のように定義できます。

$$P(記憶あり|陽性) = \frac{P(記憶あり \cap 陽性)}{P(陽性)} \qquad [3\text{-}①]$$

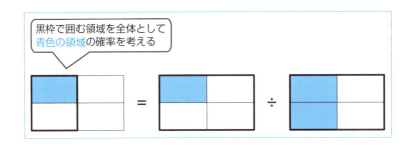

「陽性」という結果を受け，「陰性」という結果を考慮する必要がなくなったので，P（陽性）を全体として考えます。そのため，P（陽性）が右辺の分母になります。この状況で，事件に関する記憶がある確率はどれくらいなのかを考えます。図3-4でいえば，左列を全体として（図3-5ⓐ），左列のうち，左上の占める部分の割合はどれくらいかを考えよう，ということです。

［3-①］式の条件つき確率を少し変化させてみましょう。両辺にP（陽性）を掛けて，右辺と左辺を入れ替えると，以下になります。

$$P(\text{記憶あり} \cap \text{陽性}) = P(\text{陽性}) \times P(\text{記憶あり} | \text{陽性}) \qquad [3\text{-}②]$$

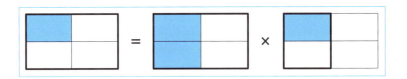

また，［3-②］式の右辺の「記憶あり」と「陽性」は，互いに入れ替えることが可能です。なぜなら，「事件に関する記憶があり，かつ検査結果が陽性である確率」と，「検査結果が陽性であり，かつ事件に関する記憶がある確率」は等しいからです。

$$\begin{aligned}P(\text{記憶あり} \cap \text{陽性}) &= P(\text{陽性} \cap \text{記憶あり}) \\ &= P(\text{陽性}) \times P(\text{記憶あり} | \text{陽性}) \qquad [3\text{-}③] \\ &= P(\text{記憶あり}) \times P(\text{陽性} | \text{記憶あり})\end{aligned}$$

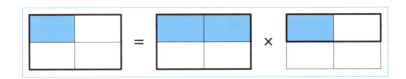

［3-③］式の2行目と3行目の等号（イコール）を取り出すと以下になります。

$$P(陽性) \times P(記憶あり|陽性) = P(記憶あり) \times P(陽性|記憶あり) \quad [3\text{-}④]$$

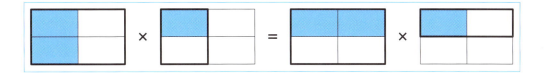

ところで，今回のもともとの目標は，「心拍数による検査結果が陽性であったときに，事件に関する記憶がある確率」を求めることでした。[3-④] 式の両辺を $P(陽性)$ で割ることによって，以下の式を得ます。

$$P(記憶あり|陽性) = \frac{P(陽性|記憶あり) \times P(記憶あり)}{P(陽性)} \quad [3\text{-}⑤]$$

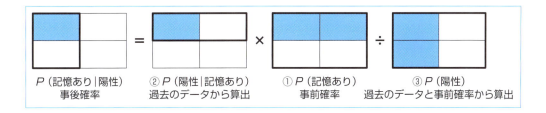

この式を，**ベイズの定理**と呼びます。この式の中で，左辺の $P(記憶あり|陽性)$ という確率は，陽性という検査結果が出たあとに算出する，容疑者に事件に関する記憶がある確率なので，

ベイズの定理は一般的にどのようなものですか？

事象Aがおきたときに，事象Bがおきる確率（事後確率）が以下のようになる，というのがベイズの定理です。

$$P(B|A) = \frac{P(A|B) \times P(B)}{P(A)}$$

これは [3-⑤] 式と同じです。$P(B)$ は事前確率，$P(B|A)$ は事後確率，$P(A|B)$ は尤度といいます。$P(A)$ は定数なので，「事後確率は，尤度と事前確率をかけ合わせたものと比例する」と表現することもできます。ちなみに，[3-①] 式は，$P(B|A) = \frac{P(A \cap B)}{P(A)}$。[3-②] 式は，$P(A \cap B) = P(A) \times P(B|A)$ となります。

事後確率といいます。一方，右辺の分子に出てくる P（記憶あり）は，検査をする前に，検査者が主観的に思っている「容疑者に事件に関する記憶がある可能性（確率）」なので，事前確率といいます。

●**事後確率の計算**● ［3-⑤］式から，左辺の事後確率（検査結果が陽性であったとき，容疑者が事件に関する記憶をもっている確率）を求めるには，右辺の3つの確率を計算する必要があることがわかります（［3-⑤］式の下図）。

・・・・**事後確率を求めるために必要な3つの確率**・・・・
① P（記憶あり）── 事件に関する記憶がある確率（事前確率）
② P（陽性｜記憶あり）── 事件に関する記憶があるときに，検査結果が陽性である確率
③ P（陽性）──「陽性」という検査結果が出る確率

では，3つの確率を順番に求めていきましょう。

① P（記憶あり）── 事件に関する記憶がある確率

この確率は，「検査を行う前の段階で，容疑者が事件に関する記憶をもつ可能性をどの程度だと考えるか」という検査者側の主観的な確率です。この主観的な確率をどう決めるかについては，いろいろな考え方があります。たとえば，「今まで検査を行ってきたなかで，容疑者が実際に事件に関する記憶をもっていたケースはどのくらいあったか」から決めてもよいかもしれません。今回は，「容疑者に記憶があるかどうかは，検査前にはまったく判断がつかない」とします。つまり，P（記憶あり）＝ P（記憶なし）＝ 0.5 です。

② P（陽性｜記憶あり）── 事件に関する記憶があるときに，検査結果が陽性である確率

これは，「記憶があるとき」の確率なので，図3-4の上の行（P（記憶あり），図3-5ⓒ）を全体としてとらえたときの，左上（P（記憶あり∩陽性））の割合となります。データベース（表3-4）より，この割合は以下のとおりです。

$$P(\text{陽性}|\text{記憶あり}) = \frac{P(\text{記憶あり} \cap \text{陽性})}{P(\text{記憶あり})} = \frac{0.4}{0.5} = 0.8 \quad [3\text{-}⑥]$$

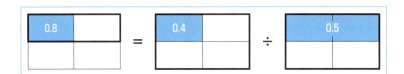

表3-4から，単純に12/15と計算してもよいです。

③ P（陽性）——「陽性」という検査結果が出る確率

図3-6を見てください。この確率は，「陽性」という結果が得られるすべての場合を足し合わせて算出します。つまり，「事件に関する記憶があり，かつ検査結果が陽性である確率」である P（記憶あり $\cap$ 陽性）と，「事件に関する記憶がなく，かつ検査結果が陽性である確率」である P（記憶なし $\cap$ 陽性）を，足し合わせた確率です。

図3-6Ⓐに注目してください。P（記憶あり $\cap$ 陽性）は，①と②式より $0.5 \times 0.8 = 0.4$ と計算できます。また，図3-6のⒷとⒸを見てください。P（記憶なし $\cap$ 陽性）は，①と②および［3-⑥］式を参考に，$0.5 \times 0.266 = 0.133$ と計算できます。したがって P（陽性）は，$0.400 + 0.133 = 0.533$ となります。

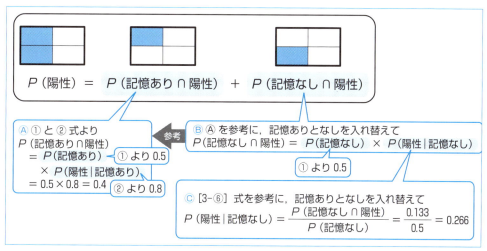

図3-6 「陽性」という検査結果が出る確率

①②③を［3-⑤］式に代入することで，「心拍数から検査結果が陽性であったとき，容疑者に事件に関する記憶がある確率」を求めることができます。

$$P（記憶あり｜陽性）= \frac{0.8 \times 0.5}{0.533} = 0.750$$

検査を行う前に，検査者は容疑者が事件について記憶している可能性を，0.5だとしていました（事前確率）。しかし，「陽性」という検査結果を受け，過去のデータベース（表3-4）を用いることにより，容疑者が事件について記憶している可能性は0.750（事後確率）にまで増えました。

一方，この検査結果が得られたとき，容疑者に記憶がない確率も，求めることができます。

P(記憶あり|陽性)＋P(記憶なし|陽性)＝1であるので，P(記憶なし|陽性)＝1－0.750＝0.250となります。もちろん，以下の式を計算することによっても求めることができます。

$$P(記憶なし|陽性) = \frac{P(陽性|記憶なし) \times P(記憶なし)}{P(陽性)} = \frac{0.266 \times 0.5}{0.533}$$

容疑者に記憶があるかないかの最終的な判定は，事後確率どうし，すなわち，P(記憶あり|陽性)とP(記憶なし|陽性)を比較することで行います。0.750 vs. 0.250なので，「記憶あり」の可能性が高いといえます。

3.5 ナイーブベイズ法による複数の指標の統合

今までは心拍数の結果のみを用いてきましたが，ポリグラフ検査では複数の生理指標を測定します。本節では，複数の生理指標の結果をナイーブベイズ法により統合して，判定する方法を説明します。

3.5.1 複数の生理反応の違いの評価

まず，心拍数だけではなくすべての生理指標において，陽性・陰性の判定を行います。3.4.1節の方法で各指標の判定の閾値を求めたのが，表3-5です。この閾値を用いて過去のデータベースを判定した結果を，表3-6に示しました。さらに，いま行った検査における容疑者の各生理反応（表3-3）を，個別に判定した結果は，表3-7のとおりです。困ったことに，指標によって判定結果が違っています。このような複雑な結果から，どのようにして記憶の有無を推定すればよいのでしょうか。

表3-5 各生理指標の閾値

	心拍数（bpm）	末梢血管	汗腺活動（μS）	呼吸数（cpm）
閾値	0.767	0.157	0.074	0.366

※心拍数・末梢血管・呼吸数の符号を調整済み

表3-6 閾値により過去のデータベースを判定した結果

人数（割合）	心拍数		末梢血管		汗腺活動		呼吸数	
	陽性	陰性	陽性	陰性	陽性	陰性	陽性	陰性
記憶あり群	12 (0.400)	3 (0.100)	9 (0.300)	6 (0.200)	11 (0.367)	4 (0.133)	10 (0.333)	5 (0.167)
記憶なし群	4 (0.133)	11 (0.367)	7 (0.233)	8 (0.267)	5 (0.167)	10 (0.333)	6 (0.200)	9 (0.300)

表 3-7 容疑者の検査結果

	心拍数	末梢血管	汗腺活動	呼吸数
判定	陽性	陰性	陽性	陰性

3.5.2 ナイーブベイズ法

ナイーブベイズ法では，ベイズの定理により表3-7の結果を統合して，容疑者が事件に関する記憶をもつ確率を求めます。この求めたい確率は，以下のような条件つき確率として表すことができます。

$$P(記憶あり \mid 心拍陽性 \cap 血管陰性 \cap 汗腺陽性 \cap 呼吸陰性)$$

この確率は，［3-⑤］式をもとに，以下のように求めることができます。

$$P(記憶あり \mid 心拍陽性 \cap 血管陰性 \cap 汗腺陽性 \cap 呼吸陰性) \\ = \frac{P(心拍陽性 \cap 血管陰性 \cap 汗腺陽性 \cap 呼吸陰性 \mid 記憶あり) \times P(記憶あり)}{P(心拍陽性 \cap 血管陰性 \cap 汗腺陽性 \cap 呼吸陰性)} \quad [3\text{-}⑦]$$

右辺の3つの確率，① $P(記憶あり)$，② $P(心拍陽性 \cap 血管陰性 \cap 汗腺陽性 \cap 呼吸陰性 \mid 記憶あり)$，③ $P(心拍陽性 \cap 血管陰性 \cap 汗腺陽性 \cap 呼吸陰性)$ を，前節と同じように計算していきます。

① $P(記憶あり)$

これは，「容疑者の事件に関する記憶の有無は，検査前にはまったく判断がつかない」として，$P(記憶あり) = P(記憶なし) = 0.5$ とします。

② $P(心拍陽性 \cap 血管陰性 \cap 汗腺陽性 \cap 呼吸陰性 \mid 記憶あり)$

ここでは，それぞれの生理指標が独立であると仮定します。つまり，ある指標の反応は，他の指標の反応に影響を与えない，と仮定します。「それぞれの生理指標が独立だ」と仮定すると，式をシンプルにすることができるからです。たとえば，心拍では陽性であり，同時に血管では陰性である確率を考えてみましょう。

$$P(心拍陽性 \cap 血管陰性)$$

独立とは非常に強い仮定です。図3-7を見てください。2つのサイコロを同時に振って，サイコロAで1が出る確率とサイコロBで2が出る確率は，36分の1です。サイコロAとサイコロB

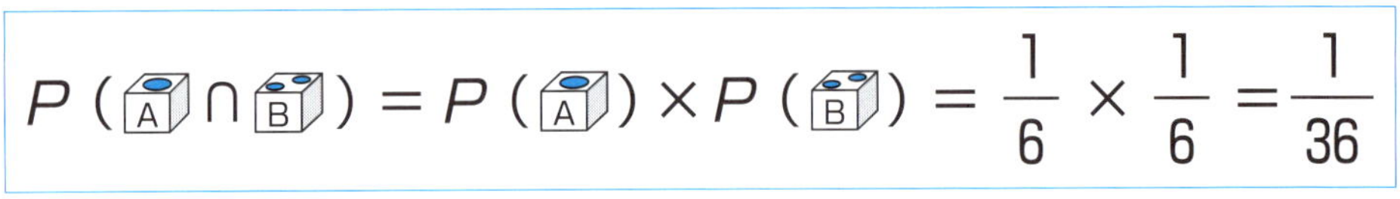

$$P(\boxed{A} \cap \boxed{B}) = P(\boxed{A}) \times P(\boxed{B}) = \frac{1}{6} \times \frac{1}{6} = \frac{1}{36}$$

図3-7　独立な2つのサイコロの出目の確率

の出る目は独立（無関係）なので，それぞれの事象の生起確率1/6の単純な掛け算というわけです。したがって，心拍が陽性になることと血管が陰性になることが独立であると仮定すると，以下のように，それぞれの事象がおこる確率の単純な積として書けます。

$$P(心拍陽性 \cap 血管陰性) = P(心拍陽性) \times P(血管陰性)$$

さらに，この独立とは，状況によらずいつでも成立するという強い仮定です。2つのサイコロが無関係なのは，他の事象の影響を受けません。つまり，ここに，「記憶あり」という条件がついても，個別の条件つき確率の積として表現できます。

$$P(心拍陽性 \cap 血管陰性 | 記憶あり)$$
$$= P(心拍陽性 | 記憶あり) \times P(血管陰性 | 記憶あり)$$

さらに指標が増えた場合も，独立性を仮定すると，同じように条件つき確率の積になります。

$$P(心拍陽性 \cap 血管陰性 \cap 汗腺陽性 \cap 呼吸陰性 | 記憶あり)$$
$$= P(心拍陽性 | 記憶あり) \times P(血管陰性 | 記憶あり) \quad [3\text{-}⑧]$$
$$\times P(汗腺陽性 | 記憶あり) \times P(呼吸陰性 | 記憶あり)$$

[3-⑧]式の右辺は，データベースから，記憶あり群のうち各生理指標が陽性であった（反応が閾値より大きかった）人の割合を求めることで，計算できます。この確率を生理指標ごとに求めた結果を，表3-8に示しました。カッコ内は，表3-6の人数から算出するときの式を表しています。また，記憶あり群から求めた確率だけでなく，記憶なし群から求めた確率も示してあります。後者は，③ P(心拍陽性∩血管陰性∩汗腺陽性∩呼吸陰性) を求めるときに利用します。

[3-⑧]式は，表3-8中のアスタリスク（*）が置かれた数値を使って，以下のように計算できます。

$$P(心拍陽性 \cap 血管陰性 \cap 汗腺陽性 \cap 呼吸陰性 | 記憶あり)$$
$$= 0.800 \times 0.400 \times 0.733 \times 0.333 = 0.0781$$

表 3-8　データベースから求めた各生理指標の確率（表 3-6 から作成）

	心拍数	末梢血管	汗腺活動	呼吸数
P（陽性｜記憶あり）	0.800 * (＝12/15)	0.600 (＝9/15)	0.733 * (＝11/15)	0.667 (＝10/15)
P（陰性｜記憶あり）	0.200 (＝3/15)	0.400 * (＝6/15)	0.267 (＝4/15)	0.333 * (＝5/15)
P（陽性｜記憶なし）	0.267 † (＝4/15)	0.467 (＝7/15)	0.333 † (＝5/15)	0.400 (＝6/15)
P（陰性｜記憶なし）	0.733 (＝11/15)	0.533 † (＝8/15)	0.667 (＝10/15)	0.600 † (＝9/15)

③ P（心拍陽性 ∩ 血管陰性 ∩ 汗腺陽性 ∩ 呼吸陰性）

この確率は，記憶がある場合/ない場合を含めた全体の中で，得られた結果が出現する確率です．図3-6をもとに，以下のように変換できます．

P（心拍陽性 ∩ 血管陰性 ∩ 汗腺陽性 ∩ 呼吸陰性）
　＝ P（記憶あり ∩ 心拍陽性 ∩ 血管陰性 ∩ 汗腺陽性 ∩ 呼吸陰性）
　　＋ P（記憶なし ∩ 心拍陽性 ∩ 血管陰性 ∩ 汗腺陽性 ∩ 呼吸陰性）
　＝ P（記憶あり）× P（心拍陽性 ∩ 血管陰性 ∩ 汗腺陽性 ∩ 呼吸陰性｜記憶あり）
　　＋ P（記憶なし）× P（心拍陽性 ∩ 血管陰性 ∩ 汗腺陽性 ∩ 呼吸陰性｜記憶なし）

さらに，それぞれの生理指標が独立であることを仮定すると，［3-⑧］式を参考に，以下のように変換できます．

P（心拍陽性 ∩ 血管陰性 ∩ 汗腺陽性 ∩ 呼吸陰性）
　＝ P（記憶あり）× P（心拍陽性｜記憶あり）× P（血管陰性｜記憶あり）
　　× P（汗腺陽性｜記憶あり）× P（呼吸陰性｜記憶あり）　　　　　　［3-⑨］
　　＋ P（記憶なし）× P（心拍陽性｜記憶なし）× P（血管陰性｜記憶なし）
　　× P（汗腺陽性｜記憶なし）× P（呼吸陰性｜記憶なし）

右辺の確率は，表3-8の値を使って以下のように計算できます．

$0.5 × (0.800 × 0.400 × 0.733 × 0.333) + 0.5 × (0.267 × 0.533 × 0.333 × 0.600) = 0.0533$

前半のカッコの中の数字は，表3-8でアスタリスク（*）をつけた数字です．一方，後半のカッコの中の数字は，ダガー（†）をつけた数字です．

最後に，①②③の確率を［3-⑦］式に代入して，事後確率を求めます．

$$P(記憶あり|心拍陽性 \cap 血管陰性 \cap 汗腺陽性 \cap 呼吸陰性)$$
$$= \frac{0.0781 \times 0.5}{0.0533} = 0.733$$

　この結果は，容疑者に事件に関する記憶がある確率が，検査を行うことで，0.5（事前確率）から0.733（事後確率）に増えたことを示しています。言い換えると，実際に得られた容疑者の検査結果（表3-7）と，データベースの情報（表3-8）を考慮することにより，事前に何も情報がない（記憶の有無を判断できない）状態（事前確率＝0.5）から，容疑者に記憶がある可能性が73.3％（事後確率＝0.733）と判断するまでに至ったというわけです。

　一方，この検査結果が得られたときに容疑者に記憶がない確率は，1−0.733＝0.267となります。もちろん，以下の式を計算することによっても，求めることができます。

$$P(記憶なし|心拍陽性 \cap 血管陰性 \cap 汗腺陽性 \cap 呼吸陰性)$$
$$= \frac{P(心拍陽性 \cap 血管陰性 \cap 汗腺陽性 \cap 呼吸陰性|記憶なし) \times P(記憶なし)}{P(心拍陽性 \cap 血管陰性 \cap 汗腺陽性 \cap 呼吸陰性)}$$

　記憶の有無の判定は，事後確率のP（記憶あり|心拍陽性∩血管陰性∩汗腺陽性∩呼吸陰性）とP（記憶なし|心拍陽性∩血管陰性∩汗腺陽性∩呼吸陰性）を比較することで行います。0.733 vs. 0.267で，前者の事後確率のほうが大きいので，「容疑者は事件に関する記憶をもっている可能性が高い」と判断できます。

3.6　ベイズファクターによる結論の評価

　ところで，この「容疑者には事件に関する記憶がある」という結論は，いったいどのくらい信用できるのでしょうか。法科学の分野では，ベイズファクターという指標により，結論が証拠としてどのくらい強いかを示す場合があります。**ベイズファクター（Bayes Factor：BF）**は，事前確率の比に対する事後確率の比です。ベイズファクターは0以上の値をとり，結果をうけて事前よりも容疑が高まると，1より大きくなります。逆に事前よりも容疑が低まると，1より小さくなります。ポリグラフ検査の場合には，以下のように計算します。

$$BF = \frac{\dfrac{P(記憶あり|心拍陽性 \cap 血管陰性 \cap 汗腺陽性 \cap 呼吸陰性)}{P(記憶なし|心拍陽性 \cap 血管陰性 \cap 汗腺陽性 \cap 呼吸陰性)}}{\dfrac{P(記憶あり)}{P(記憶なし)}}$$

今回の容疑者の場合，ベイズファクターは以下のようになります。

$$BF = \frac{0.733/0.267}{0.5/0.5} = 2.75$$

この2.75という数字は，どのように評価するのでしょうか。一般に，表3-9のような基準があります。この基準によると，先ほどの「容疑者には事件に関する記憶がある」という結論には，ほとんど証拠力がないということになります。

表3-9 ジェフリーズの基準

BF	証拠の強さ
<1	否定的（「記憶なし」を支持）
1〜3.2	ほとんど証拠力なし
3.2〜10	肯定的
10〜100	強い
>100	決定的

3.7 事前確率の更新

ポリグラフ検査では通常，事件のさまざまな側面について，4〜6種類の質問をします。先ほどの事件であれば，首を絞めたもののほかにも，被害者を襲った場所（たとえば，居間，寝室，台所，玄関，風呂場），犯行時刻（たとえば，18：00〜20：00, 20：00〜22：00, 22：00〜0：00, 0：00〜2：00, 2：00〜4：00）などを質問できるかもしれません。

実務のポリグラフ検査では，それぞれの質問内容ごとに検査をし，判定を行います。たとえば，「ネクタイで首を絞めたことは記憶しているが，犯行場所については記憶していない」，などと判定します。

しかし，ベイズの定理を使って，複数の質問内容の検査結果を結びつけることも，理論的には可能です（実務では行いませんが）。3.5.2節より，「首を絞めたもの」について検査した結果から，容疑者が事件に関する記憶をもつ確率が0.733ということがわかりました。続いて，「犯行場所」について検査を行うとき，事前確率（P（記憶あり））を，0.5から0.733に更新できます（図3-8）。つまり，事前確率はもはや0.5ではなくなります。「首を絞めたもの」に関する検査を行う前は，容疑者に記憶があるか否かをまったく判断できない状態であったのに対し，検査を行った後は，容疑者に記憶がある確率が上がったとするわけです。

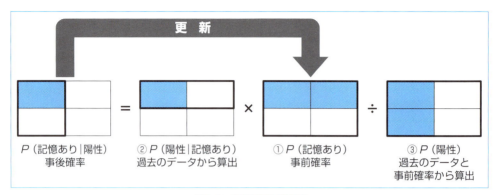

図 3-8　事前確率の更新

犯行場所についてポリグラフ検査を行ったところ，表3-10のような結果になりました。このときの容疑者に記憶がある事後確率を，①の事前確率（0.733）と表3-8，3-10を使って，次のステップで計算します。

表 3-10　容疑者の犯行現場に関する検査の結果

	心拍数	末梢血管	汗腺活動	呼吸数
判定	陽性	陽性	陽性	陰性

図3-8 ② は，[3-⑧] 式より，以下のように。

$$P(\text{心拍陽性} \cap \text{血管陽性} \cap \text{汗腺陽性} \cap \text{呼吸陰性} | \text{記憶あり})$$
$$= 0.800 \times 0.600 \times 0.733 \times 0.333 = 0.117$$

図3-8 ③ は，[3-⑨] 式より，以下のように。

$$P(\text{心拍陽性} \cap \text{血管陽性} \cap \text{汗腺陽性} \cap \text{呼吸陰性})$$
$$= 0.733 \times (0.800 \times 0.600 \times 0.733 \times 0.333)$$
$$+ 0.267 \times (0.267 \times 0.467 \times 0.333 \times 0.600)$$
$$= 0.0924$$

したがって，事後確率は [3-⑦] 式より，以下のようになります。

$$P(\text{記憶あり} | \text{心拍陽性} \cap \text{血管陽性} \cap \text{汗腺陽性} \cap \text{呼吸陰性})$$
$$= \frac{0.117 \times 0.733}{0.0924} = 0.928$$

この事後確率は，犯行場所に関する検査を行ったことにより，容疑者が事件に関する記憶をもつ確率が，0.733から0.928にさらに上がったことを示します。

ちなみに，ベイズファクターは次のようになります。

$$BF = \frac{0.928/0.072}{0.733/0.267} = 4.69$$

この値は，「犯行場所についての検査結果」という新しい情報が，どのくらい強い証拠になるのかを示します。表3-9のジェフリーズの基準によると，犯行場所についての検査結果は，「記憶あり」という判定に肯定的であることがわかります。

3.8 まとめ

本章では，生理反応から事件に関する記憶を推定しようとする，ポリグラフ検査を扱いました。そして，生理反応から記憶を統計的に推定する方法として，ナイーブベイズ法を紹介しました。シンプルな方法ですが，「複数の生理指標の情報を統合できる」「外れ値の影響を受けにくい」といった，ポリグラフ検査のニーズに応えた手法となっています。また，「事前確率を更新できる」「測定する生理指標が増えてもすぐに対応できる」という点で，拡張性のある手法だといえます。

【文献】
Allen, J. J. B., Iacono, W. G., & Danielson, K. D. (1992). The identification of concealed memories using the event-related potential and implicit behavioral measures : A methodology for prediction in the face of individual differences. *Psychophysiology*, **29**, 504–522.
Matsuda, I., Hirota, A., Ogawa, T., Takasawa, N., & Shigemasu, K. (2006). A new discrimination method for the Concealed Information Test using pretest data and within-individual comparisons. *Biological Psychology*, **73**, 157–164.
小川時洋・松田いづみ・常岡充子 (2013). 隠匿情報検査の妥当性——記憶検出技法としての正確性の実験的検証. 日本法科学技術学会誌, **18**, 35-44.
Osugi, A. (2011). Daily application of the Concealed Information Test : Japan. In B. Verschuere, G. Ben-Shakhar & E. Meijer (Eds.), *Memory detection : Theory and application of the Concealed Information Test*. Cambridge, UK : Cambridge University Press. pp. 253–275.

問1：下表のポリグラフ検査の結果から，容疑者の記憶の有無をナイーブベイズ法により判定してください。判定にあたっては，本文中の表3-5の閾値と，表3-8のデータベースの情報を利用してください。また，ベイズファクターも求めてください。ただし，記憶あり/なしの事前確率は，0.5とします。

表　容疑者の生理反応

	心拍数（bpm）	末梢血管	汗腺活動（μS）	呼吸数（cpm）
関連項目の平均	84.9	1.78	0.721	15.5
非関連項目の平均	87.7	1.55	0.730	15.6
関連−非関連	−2.80	0.23	−0.009	−0.10

※心拍数・末梢血管・呼吸数の符号は未調整

第4章 脳波から犯人の記憶をさぐる
——ブートストラップ法

　第3章では，心拍数や汗腺活動といった末梢神経系の生理反応から，容疑者の事件に関する記憶を調べました。本章では，中枢神経系（脳）の活動を脳波により測定することで，容疑者の記憶を調べる方法を紹介します。このとき，ブートストラップ法という統計手法を使います。

4.1　脳活動による記憶検出

　現在，犯罪捜査で使われているポリグラフ検査では，隠匿情報検査法により，容疑者が事件に関する記憶をもっているか否かを，心拍数などの生理反応から調べています。一方，事件に関する記憶の有無は，脳の活動からも調べることができます。脳の活動を測定する方法には，機能的磁気共鳴画像法（functional magnetic resonance imaging：fMRI），脳磁図（magnetoencephalography：MEG），ポジトロン断層法（positron emission tomography：PET），近赤外分光法（near-infrared spectroscopy：NIRS），脳波（electroencephalogram：EEG）などがあります。

　隠匿情報検査法を用いた研究では，主に脳波が用いられています（図4-1）。脳波は他の方法と比べて，脳の中のどの部位が活動しているのかを特定しにくい，という欠点があります。しかし，現場への応用を考えると，測定装置が小型で持ち運びやすく，実験室以外の環境でも測定できる，という利点があります。そのため，脳波は近い将来，犯罪捜査の現場に導入できる可能性が高い脳活動の指標だといえます。

図4-1　脳波測定のイメージ

4.2 脳波と事象関連電位（ERP）

4.2.1 脳波

　脳波は，大脳皮質の神経活動を，頭皮上に置いた電極から電位として記録したものです。電位の単位はマイクロボルト（**μV**）です。1 μVは100万分の1 Vなので，脳波は非常に小さい電位だといえます。

　実際に記録してみると，脳波は自発的にゆらいでいることがわかります（図4-2の上）。この自発性のゆらぎには，周波数（1秒あたりに含まれる波の数）の帯域ごとに，名前がつけられています。たとえば，リラックスしているときに生じる「α（アルファ）波」は，8～13 Hzの周波数（1秒あたりに波が8～13個含まれる）をもった，脳波のゆらぎのことを指します。

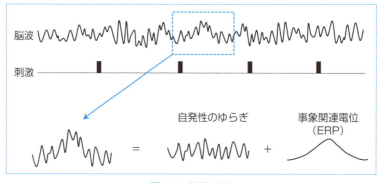

図 4-2　脳波の例

4.2.2 事象関連電位（ERP）

　一方，脳の電位は光や音などの刺激に対して，一過性に変化します。このような脳電位を，事象関連電位（event-related potential：**ERP**）と呼びます。ERPは，自発的に生じるゆらぎに重なって生じます（図4-2の下）。ふつう，ERPの電位の変化は小さいので，自発性のゆらぎに埋没してしまい，観察しにくいです。

　自発性のゆらぎの影響を除き，刺激に対して生じるERPを求めるための方法を，図4-3に示しました。刺激提示前後の脳波を切り出し，時点を合わせて整列させます。そして，すべての試行をとおして電位を平均します。自発性のゆらぎは，刺激に関連せずにランダムに生じるので，波形を平均すると相殺できます。一方，ERPは刺激が提示されたときに変化します。そのため，波形を平均しても相殺されずに残ります。結果として，平均することにより，ERPの波形が明瞭になります。

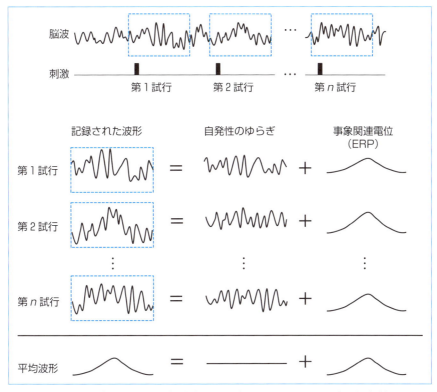

図4-3 平均によるノイズの除去の原理（入戸野，2005，p.10 を一部改変）

　平均する波形の数（図4-3のn）が多いほど，自発性のゆらぎを相殺でき，より明瞭なERPが得られます。平均する脳波の数は，どのようなERPを見たいかにもよりますが，一般的には20個以上とされています。そのため，ERPを測る実験では，刺激を何十回もくり返し提示することが必要になります。

　以上がERPの概略です。詳しくは，入戸野（2005）を参照してください。

4.3 ERPによる記憶検出の例

4.3.1 検査の手続き

　第3章で取り上げた強姦事件の容疑者に対して，新たにERPを使った隠匿情報検査を行いました[*8]。検査では，事件と関連する項目（ネクタイ）と，関連しない項目（スカーフ，ストッキング，ベルト，タオル）を，ディスプレイに提示しました（図4-4）。各項目をディスプレイ上に1秒間提示し，消えてから2秒後に次の項目を提示しました。各項目の提示順序はランダ

[*8] ERPによる隠匿情報検査はまだ研究段階にあり，犯罪捜査の現場では使われていません。以下に示す脳波データは，松田ら（Matsuda et al., 2013）の実験データの一部です。

ムでした。1項目につき20回，全部で5項目×20回＝100回提示しました。脳波は頭の頂上部分（頭頂部）から記録しました。

記録した脳波から，項目提示前200ミリ秒（1ミリ秒は1000分の1秒）から，提示後1,000ミリ秒までの脳波を切り出しました。関連項目（ネクタイ）に対して20個の波形（図4-5ⓐ），非関連項目（ストッキング，ベルト，タオル，スカーフ）に対して20個×4項目＝80個の波形（図4-5ⓑ）を得まし

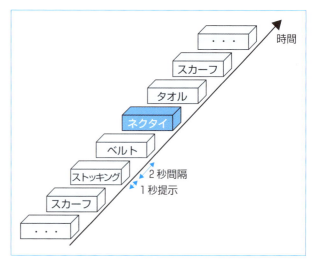

図4-4　刺激提示の例（各刺激の提示回収は20回）

た。なお，各波形は，項目提示前からの変化をわかりやすく示すため，項目提示前200ミリ秒間の平均電位が0となるように調整してあります。

図4-5のⓐやⓑのままだと，関連項目に対する波形と非関連項目に対する波形に違いがあるのかよくわからないので，図4-3で示したように脳波を平均します。その結果が図4-5ⓒです。自発性のゆらぎが相殺されて，波形がなめらかになりました。そして，とくに関連項目に

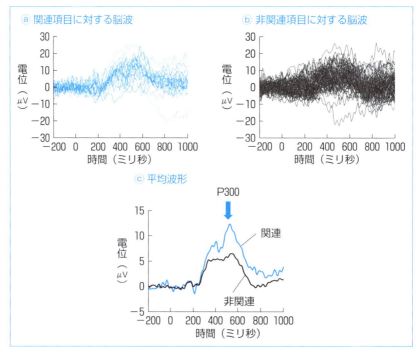

図4-5　隠匿情報検査における容疑者のERP

対して，500ミリ秒（0.5秒）を過ぎたあたりで，波形がプラス方向にせり出していることがわかります。このプラス方向にせり出した波を，P300（P3）と呼びます。

4.3.2 P300とは

P300は一般に，提示確率の低いめずらしい刺激や，被験者にとって特別な意味のある刺激に対して出現します。容疑者が事件に関連する項目を記憶しているとき，関連項目（ネクタイ）は1/5の確率で提示されるのに対し，非関連項目（ストッキングなど）は4/5の確率で提示されるので，関連項目はあまり提示されない，めずらしい刺激です。また，関連項目は自分がおこした事件に関連しているので，容疑者にとって特別な意味があります。したがって，容疑者が関連項目を記憶しているときは，関連項目に対して非関連項目よりも大きなP300が生じます。

ちなみに「P300」は，「項目提示後300ミリ秒付近にピークをもつPositive（プラス）方向の波」という意味です。ただし，項目提示からP300のピークまでの時間（潜時）は，項目や課題の種類によって変わります。隠匿情報検査の場合は，図4-5ⓒのように，項目提示から500ミリ秒あたりにピークがくることが多いです。

P300の大きさを数量化するときは，その振幅を求めます。ふつうは，項目提示前のベースライン（ここでは，項目提示前200ミリ秒間の平均電位）からピークまでの電位差を測ります（図4-6）。関連項目に対するP300振幅と，非関連項目に対するP300振幅は，表4-1のとおりです。関連項目と非関連項目のP300振幅の差は，5.94 μV でした。

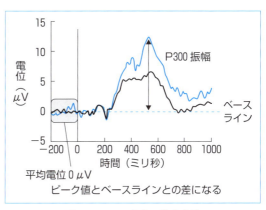

図 4-6 P300振幅の算出方法

表 4-1 関連・非関連項目に対する P300 振幅

	関連	非関連	関連－非関連
P300振幅	12.40 μV	6.46 μV	5.94 μV

質問コーナー

P300の別名がP3とのことですが，なぜP3と呼ばれるのですか？

刺激に対して生じるERPは，いくつかの波から構成されます。P300は，プラス（Positive）の方向に出てくる第3番めの波に相当します。そのため，P3とも呼ばれます。ほかにも，N1（マイナス〈Negative〉の1番めの波），P2（ポジティブの2番めの波）といった成分があります。ちなみに，脳波による記憶検査の文脈では，P300（P3）のことを脳指紋と呼ぶことがあります。

4.3.3 ERPによる判定の問題点

さて，このP300振幅の違いから，「容疑者は事件に関連する項目を記憶している」と結論づけてよいでしょうか。図4-5ⓒや表4-1からは，関連項目と非関連項目のP300振幅には大きな差があることが見て取れます。したがって，容疑者は関連項目を記憶していそうです。しかし，自信をもって結論するためには，やはり統計的な裏づけが必要です。ところが，P300の振幅値は，1人の容疑者から関連項目について1つ，非関連項目について1つしか得られません。つまり，P300振幅差も1つしか得られないことになり，分散や信頼区間を計算できません。このような状況で，関連項目と非関連項目のP300振幅の違いを統計的に検討するには，どうすればよいのでしょうか。すぐに思いつくのは以下の2つの方法です。

1つめは，図4-5ⓐⓑのような，平均前の脳波データから得られるP300振幅を使う方法です。まず，平均前の個々の波形から，それぞれのP300振幅を求めます。関連項目に対しては20個，非関連項目に対しては80個のP300振幅を得ます。これらの2群のP300振幅の平均値に差があるかを，t検定します。しかし，この方法では，自発性のゆらぎを含んだ脳波からP300振幅を求めなければなりません。図4-5ⓐⓑの波形を見てわかるとおり，自発性のゆらぎはERPに対してかなり大きいので，そこから正しいP300振幅を求めるのは難しいです。

2つめは，関連・非関連項目のそれぞれの平均波形からP300振幅を求め，その振幅の差が，過去の検査のデータベースと照らし合わせてどの程度大きいのかを評価する方法です。過去の検査については，検査を受けた人が実際に事件に関する記憶をもっていたかどうかが判明しているケースが多いです。そのため，記憶がある場合，一般的にP300振幅の差がどのくらいになるかを調べることができます。それを基準にして，今回の容疑者から得られたP300振幅の差を評価します。

しかし，この方法にも問題点があります。ERPには大きな個人差があります。図4-7に，図4-5ⓒとは別の容疑者のERPを示しました。図4-5ⓒと比べ，刺激提示後からP300までの潜時（潜伏時間）が長いことがわかります。また，振幅の値も小さいです。このように，ERPは個人差が大きいため，過去のデータベースから，目の前の容疑者に適用できる基準を見つけるのは難しいです。

したがって，ERPから記憶の有無を判定するためには，「平均波形から求めたP300振幅を利用すること」と，「過去のデータベースを用いず，容疑者個人のデータのみから判定すること」の両方が求められます。しかし，前述したとおり，

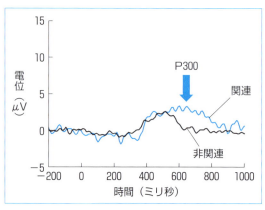

図4-7　別の容疑者のERP

脳波を平均してしまうと，関連項目に対して1つ，非関連項目に対して1つのP300振幅しか得られません。この2つのデータから，過去のデータベースを用いずに統計的な判定を行うことは，ほとんど不可能のように思います。しかし，この個人のデータを見かけ上増やしてくれる，魔法のような方法があります。それが**ブートストラップ（bootstrap）法**です。次節では，ブートストラップ法を用いて，ERPから事件に関する記憶の有無を判定する方法を説明します。

4.4 ブートストラップ法によるERPデータの判定

ブートストラップ法では，「すでにあるデータセットからデータを抽出し，新しいデータセットを作る」という作業を何回もくり返すことで，データを増やします。まず，ブートストラップ法の一般的な手続きを以下に説明します（図4-8）。

ブートストラップ法の手続き

(1) オリジナルのデータセット（標本サイズをnとします）から，n個のデータをランダムに抽出します。その際，同じデータが重複して選ばれてもよいことにします（**復元抽出**）。このデータセットをB_1とします。

(2) データセットB_1から目的の統計量（平均，標準偏差〈Standard Deviation：SD〉，中央値など）を計算します。このとき求めた統計量のことを，**ブートストラップ統計量**と呼びます。

(3) 上記の(1)～(2)を1,000回くり返して，データセットB_1～B_{1000}を作ります。このようにして作られた1つ1つのデータセットを，**ブートストラップ標本**といいます。また，1,000回というのは最低限の目安です。コンピュータの力やデータの複雑さに応じて，10,000回ほどくり返すときもあります。このくり返し回数のことを，**ブートストラップ反復回数**といいます。

(4) データセットB_1～B_{1000}のそれぞれについて，ブートストラップ統計量を計算します。

(5) 1,000個のブートストラップ統計量が得られたので，ヒストグラム（**ブートストラップ分布**といいます）を描いて，統計量の分布を確認します。

本来なら平均値や標準偏差は，データセットからたった1つしか計算できません。しかし，このように何個もブートストラップ標本を作成すれば，その標本ごとに平均値や標準偏差を計算できます。そして，たくさん得られた平均値や標準偏差のブートストラップ分布を見ることで，これらの統計量の性質について検討できます。ブートストラップ分布には，実際に測定を何回もくり返して，そこから統計量を得たときの分布に近い，という性質があります。

それでは，上で述べた手続きにしたがって，容疑者の脳波データを分析してみましょう。図4-9に基づいて説明していきます。

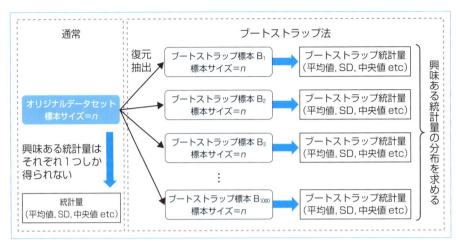

図 4-8　ブートストラップ法の一般的な手続き

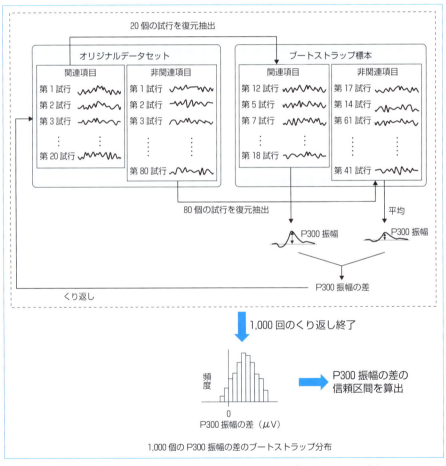

図 4-9　ERP を指標とした隠匿情報検査におけるブートストラップ法

(1) 1つめのブートストラップ標本（B_1）の作製　まず，関連項目に対する脳波（図4-5ⓐ）と，非関連項目に対する脳波（図4-5ⓑ）のオリジナルのデータセットから復元抽出して，ブートストラップ標本を作成します。先ほど示したとおり，関連項目に対する脳波のオリジナルデータは20個あります。ここから，重複を許して，新たに20個の脳波をランダムに選びます。たとえば，第12, 5, 7, 14, 9, 6, 7, 12, 6, 9, 10, 2, 17, 16, 7, 11, 2, 10, 8, 18試行の，計20個の脳波を抽出したとします。抽出する脳波の数は，オリジナルデータの標本サイズと同じにします。同様に，非関連項目に対する脳波のオリジナルデータは80個あるので，重複をゆるして80個の脳波をランダムに選びます。たとえば，第17, 14, 61, ……, 41試行の，計80試行の脳波を選びます。これにより，関連項目に対して20個の波形データ，非関連項目に対して80個の波形データからなる，新たなデータセットができました。これが，ブートストラップ標本B_1です。

(2) ブートストラップ統計量の算出　次に，B_1において，関連項目に対する20個の波形データから平均波形を，非関連項目に対する80個の波形データから平均波形を，それぞれ求めます（図4-10）。実際の平均波形（図4-5ⓒ）と一見似ていますが，よく見ると違う波形であることがわかります。続いて，関連・非関連項目に対する平均波形から，それぞれP300振幅を求めます。関連項目に対するP300振幅は10.4 μV，非関連項目に対するP300振幅は6.61 μVでした。したがって，関連・非関連項目間のP300振幅の差は，$10.4 - 6.61 = 3.79$ μVになります。この値が，ブートストラップ標本B_1から求めた統計量（ブートストラップ統計量）です。

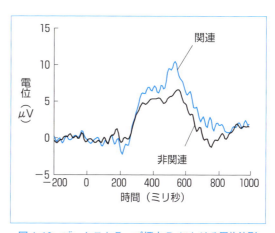

図4-10　ブートストラップ標本B_1における平均波形

ブートストラップの名前の由来は何ですか？

あるとき，ほらふきの男爵が沼にはまってしまいました。おぼれかかった男爵は，自分の革靴のストラップ（ブーツのかかと側にあるつまみ）を引き上げて，沼を脱出したといいます。この物語がブートストラップの語源です。英語には「pull oneself up by one's bootstraps」という慣用句があり，「誰の力も借りないで自分でやりとげる」という意味になっています。ブートストラップ法は，もとのデータから標本を自己再生産します。その手続きが物語や慣用句に似ているので，ブートストラップ法と名づけられました。

(3) 1,000個のブートストラップ標本の作製 上記の（1）〜（2）を1,000回くり返し，1,000個のブートストラップ標本を作ります。1,000個のブートストラップ標本のうち，2回目（B_2），3回目（B_3），1,000回目（B_{1000}）の平均波形を，図4-11に示しました。ブートストラップ標本は，標本ごとにランダムにデータを抽出するので，得られる平均波形の形が少しずつ変わります。

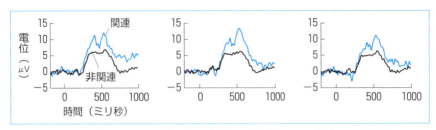

図4-11 ブートストラップ標本 B_2（左），B_3（中央），B_{1000}（右）の平均波形

(4) 1,000個のブートストラップ統計量を算出 1,000個のブートストラップ標本から1,000個のP300振幅の差，すなわち，1,000個のブートストラップ統計量を得ます。これを表4-2のようにまとめました。

表4-2 各ブートストラップ標本における統計量（関連・非関連項目間の P300 振幅の差）

ブートストラップ標本	B_1	B_2	B_3	・・・	B_{1000}
ブートストラップ統計量 （P300 振幅の差）	3.79 μV	5.21 μV	7.17 μV	・・・	4.85 μV

(5) ブートストラップ分布の確認 最後に，1,000個のブートストラップ統計量を，ヒストグラム（ブートストラップ分布）として表しました（図4-12）。

このように，オリジナルデータセットからたった1つしか得られないはずのP300振幅差を，ブートストラップ法によって1,000個も得ることができました。表4-1より，オリジナルデータ

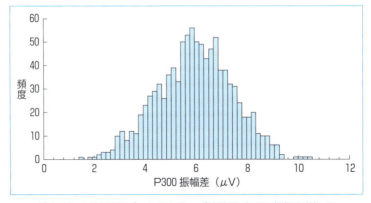

図4-12 1,000個のブートストラップ統計量（P300 振幅の差）のブートストラップ分布

から計算したP300振幅差は5.94 μVでしたが，図4-12のヒストグラムを見ると，P300振幅差は2～10 μVくらいの値をとりうる，変動の大きな統計量であることがわかります。

4.5 ブートストラップ分布の偏り

ブートストラップ分布をさらに詳しく検討しましょう。そもそも，関連項目の平均波形と非関連項目の平均波形から計算した，オリジナルのP300振幅の差は，表4-1より5.94 μVでした。この値は，データからただ1つだけ得ることができる値でした。一方，ブートストラップ分布から平均値を求めることができます。1,000個のブートストラップ統計量の平均値は5.97 μVでした。この平均値は何を意味しているでしょうか。

この平均値は，ブートストラップ分布の偏りを示しています。したがって，この平均値が，オリジナルのP300振幅差と大きく異ならないかを確認するとよいでしょう。今回は，ブートストラップ統計量の平均値が5.97 μV，オリジナルのP300振幅差が5.94 μVであり，大きな違いはないといえます。

4.6 ブートストラップ信頼区間

次に，関連・非関連項目間のP300振幅の差について，信頼区間を求めます（信頼区間については，本シリーズ第1巻7章を参照）。ブートストラップ統計量の信頼区間を求めることが，ブートストラップ法の最も重要な目的といっても過言ではありません。信頼区間の求め方にはいくつかありますが，ここではパーセンタイル信頼区間とバイアス修正パーセンタイル信頼区間を紹介します。

4.6.1 パーセンタイル信頼区間

パーセンタイル信頼区間は，ブートストラップ分布に基づいて求めます。たとえば，95％信頼区間は，図4-12のヒストグラムの大きいほうから2.5％，小さいほうから2.5％ずつ削り，全体の95％のデータが含まれる範囲です。ここでは，パーセンタイル信頼区間は，パーセンタイル法を用いて計算します。

図4-13を見てください。まず，表4-2の1,000個のP300振幅差のデータを，振幅差が小さい順に並べ替えます。このとき，小さい順に1～25番目までの25個のデータは，全体（1,000個）の2.5％を占めます（25/1,000 = 0.025）。同様に，26～975番目までの950個のデータは全体の95％（950/1,000 = 0.95），976～1,000番目までの25個のデータは全体の2.5％を占めます。

95％信頼区間は，両端の2.5％を落として，真ん中の95％のデータが含まれるデータの区間です。したがって，P300振幅差の95％信頼区間は，小さい順で26～975番目のデータの範囲である「3.02～8.76 μV」となります。これは，関連・非関連項目間のP300振幅の差が，95％

図 4-13 パーセンタイル法による P300 振幅差の信頼区間の求め方

の確率で，$3.02 \sim 8.76 \mu V$ の間の値をとることを意味します。見方をかえると，関連項目に対する P300 振幅よりも，非関連項目に対する P300 振幅が大きくなる確率（P300 振幅差が $0 \mu V$ 以下になる確率）は，5% よりも小さいということになります。

以上より，5% の有意水準で「関連項目に対する P300 振幅は，非関連項目に対する P300 振幅よりも大きい」，つまり「容疑者は事件に関連する項目を記憶している」と判定できます。

4.6.2 バイアス修正パーセンタイル信頼区間

バイアス修正パーセンタイル信頼区間は，ブートストラップ分布にバイアス（偏り）があるとき（4.5 節を参照）に有効です。しばしば **BCa** と略記します。この信頼区間の計算は少し複雑なので省略しますが，偏りを適切に補正して，信頼区間を求めます。したがって，しばしば，パーセンタイル信頼区間よりも真実に近い信頼区間を報告します。今回の例でバイアス修正パーセンタイル信頼区間を算出すると，「$3.08 \mu V \sim 8.75 \mu V$」でした。もともと偏りが少なかったため，パーセンタイル信頼区間と大きくは変わりません。

4.7 まとめ

以上のように，実際のデータから復元抽出して作成した標本から統計量を計算し，その分布を調べるのが，ブートストラップ法です。ブートストラップ法は，信頼区間を求めるのが非常に面倒な統計量の分布を，コンピュータの力を使って簡単に求めることができる便利な方法です。ただし，本章で述べたブートストラップ法は基本的なものです。実用上はひとまずこれで十分ですが，さらに学習したい読者は，汪・桜井（2011）を学習するとよいでしょう。

【文献】

Matsuda, I., Nittono, H., & Allen, J. J. B.(2013). Detection of concealed information by P3 and frontal EEG asymmetry. *Neuroscience Letters*, **537**, 55-59.

入戸野宏 (2005). 心理学のための事象関連電位ガイドブック. 北大路書房

汪金芳・桜井裕仁 (2011). ブートストラップ入門. 共立出版

問1：体重データが6人分あります。6面体のサイコロを振り，オリジナルのデータセットからIDを復元抽出して，抽出したIDとその体重を記入し，下表を完成させてください。そして，ブートストラップ統計量として平均を求めてください。

　可能であれば，エクセルなどの統計ソフトを用いて，ブートストラップ標本を1,000個作成し，ブートストラップ統計量の分布を描いてください。なお，乱数を用いているので，正解は1つではありません。

表　ブートストラップ標本の作成

オリジナルのデータセット		B_1		B_2		B_3		B_4		B_5	
ID	体重	ID	体重	ID	体重	ID	体重	ID	体重	ID	体重
1	70	3	67								
2	53	4	59								
3	67	1	70								
4	59	4	59								
5	54	2	53								
6	50	5	54								
平均	58.8	平均	60.3	平均		平均		平均		平均	

量刑判断の影響要因をさぐる
——数量化Ⅰ類・Ⅱ類

第5章

　強姦致傷事件について，ポリグラフ検査などにより容疑者の容疑性が高まり，逮捕に至ったとします。もちろん，容疑者を逮捕したからといって，その人が有罪であるとは限りません。有罪か無罪か，また有罪の場合はどのような刑にするべきか（量刑）は，裁判で決まります。裁判員裁判では，この決定に一般の人が関わります。本章では，一般人の量刑判断に影響を与える要因を調べることを目的とします。このとき，数量化Ⅰ類・Ⅱ類と呼ばれる統計手法を用います。

5.1　裁判員裁判と量刑

　容疑者は，逮捕された後に検察官によって起訴されると，被告人と呼ばれるようになります。そして，被告人が有罪か無罪か，有罪の場合はその量刑を決めるために，裁判を開きます。裁判では，検察側・弁護側それぞれが出した証拠をもとに，裁判官が有罪・無罪や量刑を判断します。

　一方，強姦致傷事件などの重大な犯罪は，裁判員裁判の対象になります。裁判員裁判は，2009年5月にわが国でスタートした制度です。以前の刑事事件の裁判は，3名の裁判官により行われてきました。裁判員制度では，裁判官3名に加え，国民から選ばれた裁判員6名が裁判に参加します。9名で協議したうえで，被告人が有罪か無罪か，有罪の場合はその量刑を決定します。判決に国民の視点や感覚を反映することが，この制度の目的です。

　諸外国でも，国民が刑事裁判に参加する制度があります。アメリカやイギリスでは，陪審制度を導入しています。陪審員は有罪・無罪だけを判断し，量刑については判断しません。「量刑まで判断する」というのは，わが国の裁判員裁判の特色のひとつです。

　これまでの裁判員裁判における量刑の変化のひとつとして，性犯罪の厳罰化が指摘されています。強姦致傷事件の懲役は，裁判官だけの裁判のときは3〜5年が最頻値でしたが，裁判員裁判では5〜7年が最頻値でした（2012年時点）。これは，量刑に市民感覚が反映された結果だと考えられます。

　しかし，裁判員となる一般の国民の多くは，法律の専門家ではありません。法律の知識をあまりもたない一般国民は，事件のどのような特徴を重視して量刑を判断するのでしょうか（図

5-1)。事件に関わること以外の要因によって，影響を受けたりはしないのでしょうか。本章では，一般国民による量刑の判断に影響を与える要因を調べるために，数量化Ⅰ類・Ⅱ類を使う例を紹介します。

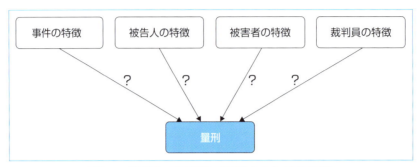

図5-1　裁判員の量刑判断に影響を与えうる要因の例

5.2　数量化理論

　数量化理論は，統計数理研究所の元所長である林知己夫先生を中心として，わが国で発展しました。とくに使われているのはⅠ類・Ⅱ類・Ⅲ類です。このうちⅢ類は，コレスポンデンス分析（本シリーズ第8巻を参照）に酷似した手法です。本章で扱うⅠ類とⅡ類について，分析の目的と関連する統計手法を表5-1にまとめました。

　数量化Ⅰ類とⅡ類は，判決に影響を与える要因を調べるためによく用います。説明変数として，質的な変数（前科の有無など）を利用することが多いためです。目的変数として，懲役の年数などの量的な変数を用いるときは数量化

表5-1　数量化Ⅰ類・Ⅱ類

	数量化Ⅰ類	数量化Ⅱ類
分析目的	質的（名義尺度・順序尺度）な説明変数から，量的（間隔尺度・比率尺度）な目的変数を予測または説明する。	質的（名義尺度・順序尺度）な説明変数から，質的（名義尺度・順序尺度）な目的変数を予測または判別する。
関連手法	重回帰分析（量的な説明変数から，量的な目的変数を予測または説明する）	判別分析（量的な説明変数から，質的な目的変数を予測または判別する）

質問コーナー

数量化Ⅲ類は犯罪心理学でどのように使われるのですか？

　よく，犯人の特徴や犯行手口を変数とした数量化Ⅲ類が行われます。これにより，変数どうしの関連性を視覚的に把握できます（第1章のMDSと似た使われ方です）。また，抽出した軸を解釈することで，さまざまな犯人の特徴や手口をシンプルに説明できる要因がわかります。

Ⅰ類，有罪か無罪か，執行猶予をつけるか否かといった質的な変数を用いるときは，**数量化Ⅱ類**を使うことになります。

5.3 裁判員裁判のデータ例

5.3.1 量刑のアンケート調査

表5-2は，一般国民の量刑判断の傾向を調べるために行った，アンケート調査のデータです（仮想データ）。アンケートの対象者は男女30名でした（男性13名，女性17名）。回答者はまず，自分が裁判員になったつもりで，強姦致傷事件の概要を記した以下のような記事を読みます。

表 5-2 回答者が受けた情報と，回答した懲役年数

	説明変数（独立変数）					目的変数 （従属変数）
	怪我の程度	被告人の前科	被告人の魅力度	被害者の証言	回答者の性別	懲役年数
回答者1	大	なし	大	なし	男	5
回答者2	小	あり	小	あり	女	7
回答者3	大	あり	中	なし	女	9
⋮	⋮	⋮	⋮	⋮	⋮	⋮
回答者30	小	なし	大	なし	男	4

・強姦致傷事件の記事

　被告人は，201X年Y月Z日，被害女性A子が自宅アパートに帰宅したところを見計らい，玄関に押し入り同女を強姦した。A子が抵抗した際，なぐる・首を絞めるなどして全治1週間の怪我を負わせた。被告人（写真）には前科があった。被害者は，「精神的ショックが大きく，怖くて外出ができない。普段の生活に戻ることができない」と述べている。

　記事のブルーの下線部は，実験の条件として操作しました。具体的には，被害者の怪我の程度（全治1週間〈小〉/全治1カ月〈大〉），被告人の前科（前科あり/なし），被告人の写真の魅力度（大/中/小の3パターン），被害者自身の証言（証言あり/なし）を，それぞれ操作しました。最後に回答者は，被告人に対して適当だと思う懲役刑の年数を答えました。

　各要因の下位項目（たとえば，怪我の程度について「大」と「小」）は，**カテゴリ**といいます。**数量化Ⅰ類**では，各説明変数（独立変数）の各カテゴリにより，目的変数（従属変数）がどのように説明できるかを，明らかにします（図5-2）。

5.3.2 カテゴリ別の懲役年数

表5-2のような，「被害者の怪我の程度」「被告人の前科」「被告人の魅力度」「被害者の証言」

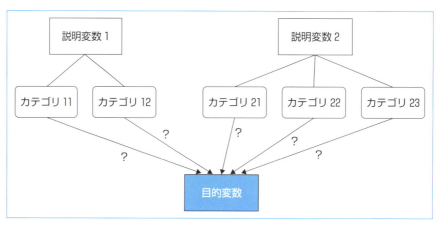

図 5-2　数量化Ⅰ類の概念図

「回答者の性別」といった説明変数は，「懲役の年数」という目的変数に，どのような影響を与えるのでしょうか。まずは，各説明変数のカテゴリ別に，懲役年数の平均を調べることから始めます（表5-3）。

この結果から，回答された懲役年数は，被害者の怪我の程度が大きいときや，被告人に前科があるときに長くなりそうだ，ということがわかります。

表 5-3　カテゴリ別の懲役年数の平均

説明変数	カテゴリ	人数	平均懲役年数
怪我の程度	小	14	5.00
	大	16	7.19
被告人の前科	なし	16	5.19
	あり	14	7.29
被告人の魅力度	小	10	6.80
	中	10	5.90
	大	10	5.80
被害者の証言	なし	15	5.47
	あり	15	6.87
回答者の性別	男	13	6.15
	女	17	6.17

しかしこれだけでは，「それぞれの説明変数がどのくらい懲役年数に影響を与えているか」「どの説明変数の影響がとくに強いのか」を，はっきりと示すことはできません。

5.4　数量化Ⅰ類による懲役年数の説明

数量化Ⅰ類では，複数の説明変数を同時に扱い，それぞれが懲役の年数をどのように説明するのかを調べます。説明変数が質的であるときの重回帰分析（第3巻を参照），と考えることができます。

まず，説明変数のカテゴリを，重回帰分析で扱えるようにダミー変数に変換します。ダミー変数は，0か1のいずれかの値をもつ，2値データです。説明変数の中には，「被告人の魅力度」のように3つのカテゴリをもつものもあるのですが，それらも0か1で表すようにします。

次に，ダミー変数から，目的変数である懲役の年数を予測する，回帰式を作ります。図5-3は模式図です。分析には，重回帰分析のプログラムを利用することができます。このとき，回帰式では使わないダミー変数があることに注意してください。

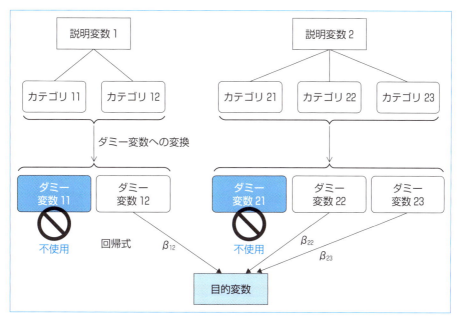

図5-3 数量化Ⅰ類の分析プロセス

最後に,推定された回帰式から,どのような説明変数の,どのようなカテゴリが,懲役年数の判断に影響を与えるのかを考察します。

以下の項で,それぞれのプロセスについて,順に解説していきます。

5.4.1 ダミー変数への変換

ダミー変数への変換は,何のために,どのように,行われるのでしょうか。被告人に関する説明変数である,「前科」と「魅力度」を取り上げて説明します。

ダミー変数への変換は,カテゴリの値を,重回帰分析で扱える数値にするために行います。各説明変数のカテゴリごとに,「当てはまる」を1,「当てはまらない」を0で表します(表5-4)。たとえば前科であれば,「前科なし」と「前科あり」の2つのカテゴリをもっています。この場合,「前科あり」と「前科なし」の,2つのダミー変数をつくります。「前科あり」について,当てはまれば1,当てはまらなければ0をつけます。同じく「前科なし」についても,当てはまれば1,当てはまらなければ0をつけます。

一方,被告人の魅力度は,「小」「中」「大」の3カテゴリに分かれています。したがって,「魅力度小」「魅力度中」「魅力度大」の3つのダミー変数をつくります。まず,「魅力度小」について,当てはまれば1,当てはまらなければ0

表5-4 「前科」と「魅力度」をダミー変数に変換した結果(冗長性あり)

	被告人の前科		被告人の魅力度		
	なし	あり	小	中	大
回答者1	1	0	0	0	1
回答者2	0	1	1	0	0
回答者3	0	1	0	1	0
⋮	⋮	⋮	⋮	⋮	⋮
回答者30	1	0	0	0	1

をつけます。同じように,「魅力度中」「魅力度大」についても,当てはまれば1,当てはまらなければ0をつけます。このように変換することで,2カテゴリをもつ「前科」はもちろん,3カテゴリをもつ「被告人の魅力度」についても,1か0で表せるようになります。

しかし,このようなダミー変数はとても冗長です。「前科あり」が1のときは,「前科なし」は必ず0になります。「魅力度大」と「魅力度中」が0のときは,「魅力度小」は必ず1になります。つまり,残り1つのカテゴリの値が自動的に決まってしまうのです。説明変数間に冗長性があると多重共線[*9]（第3巻を参照）の問題がおこり,回帰係数を推定できなくなります。

この冗長性をなくすために,それぞれの説明変数において,ダミー変数を1つ取り除きます。たとえば,「前科」については「前科なし」のカテゴリを除き,「魅力度」については「魅力度小」のカテゴリを除きます（表5-5）。一般に,1つの説明変数と対応するダミー変数の個数は,その説明変数のカテゴリ数から1を引いた数となります。

表5-5 「前科」と「魅力度」をダミー変数に変換した結果（冗長性なし）

	前科あり	魅力度中	魅力度大
回答者1	0	0	1
回答者2	1	0	0
回答者3	1	1	0
⋮	⋮	⋮	⋮
回答者30	0	0	1

各説明変数のダミー変数の個数 ＝ 各説明変数のカテゴリ数 − 1

上式を当てはめると,前科の場合はダミー変数は2−1＝1個,魅力度の場合は3−1＝2個となります。同じように,表5-2について,他の説明変数もダミー変数に変えた結果が表5-6です。このようなダミー変数を説明変数,回答された懲役刑の年数を目的変数として,重回帰分析を行います。

表5-6 ダミー変数に変換した結果（冗長性なし）

	怪我の程度大	被告人に前科あり	被告人の魅力度中	被告人の魅力度大	被害者の証言あり	回答者が女性	懲役年数
回答者1	1	0	0	1	0	0	5
回答者2	0	1	0	0	1	1	7
回答者3	1	1	1	0	0	1	9
⋮	⋮	⋮	⋮	⋮	⋮	⋮	⋮
回答者30	0	0	0	1	0	0	4

5.4.2　ダミー変数を用いた重回帰分析

ダミー変数を説明変数として重回帰分析を行ったところ,表5-7のような結果になりました。

[*9] 重回帰分析では,複数の説明変数から目的変数を予測します。このとき,推定される回帰係数は,説明変数の相互関係の影響を受けます。たとえば,相関が高い説明変数が含まれると,1つの変数で予測しすぎたものを,もう1つの相関が高い変数で打ち消すような回帰係数が,採用されたりします。そのため,回帰係数が期待したような符号にならないなどの問題が生じます。

第5章 量刑判断の影響要因をさぐる──数量化Ⅰ類・Ⅱ類

表5-7 表5-6のデータの重回帰分析の結果

	回帰係数 β	標準誤差	p値
定　数	3.84	0.59	0.00
怪我の程度大	2.31	0.41	0.00
被告人に前科あり	1.63	0.40	0.00
被告人の魅力度中	−0.55	0.52	0.30
被告人の魅力度大	−0.70	0.51	0.18
被害者の証言あり	0.97	0.42	0.03
回答者が女性	0.46	0.41	0.27

回帰係数（重回帰分析における回帰係数を正しくは偏回帰係数といいますが、しばしば回帰係数と省略します）のp値を見ると、「怪我の程度が大きいこと」「被告人に前科があること」「被害者の証言があること」が、懲役年数に有意な影響を及ぼしていることがわかります。

回帰式は回帰係数の結果より、以下のようになります。

$$懲役年数 = 3.84 + 2.31 \times 怪我の程度大 + 1.63 \times 被告人に前科あり$$
$$- 0.55 \times 被告人の魅力度中 - 0.70 \times 被告人の魅力度大 \quad [5\text{-}①]$$
$$+ 0.97 \times 被害者の証言あり + 0.46 \times 回答者が女性$$

この回帰式では、冗長であるために用いなかったカテゴリの回帰係数を、0と見なしています。回帰係数が0である項はキャンセルされるため、省略しているのです。省略せずに回帰式をすべて書き下すと、以下のようになります。

$$懲役年数 = 3.84 + 0 \times 怪我小 + 2.31 \times 怪我大$$
$$+ 0 \times 前科なし + 1.63 \times 前科あり$$
$$+ 0 \times 魅力度小 - 0.55 \times 魅力度中 - 0.70 \times 魅力度大$$
$$+ 0 \times 証言なし + 0.97 \times 証言あり \quad [5\text{-}②]$$
$$+ 0 \times 男性 + 0.46 \times 女性$$

切片（3.84）は、もし観測した値がすべて省略した冗長なカテゴリ（回帰係数が0のカテゴ

質問コーナー

「美人ほど罪が軽くなる」というのは本当ですか？

模擬裁判実験の結果からは、被告人の容貌が魅力的であるとき、陪審員の判断する刑が軽くなる傾向が報告されています。ただし、被告人が自分の魅力を利用して罪を犯したときは、逆に刑が重くなる傾向があるとされています。

リ)であるとき，つまり「怪我の程度が小」「被告人の前科なし」「被告人の魅力度が小」「被害者の証言なし」「回答者が男性」のとき，被告人の懲役年数は平均的に3.84年（3年10カ月ほど）と回答されることを意味しています。

5.4.3 分析結果の解釈

回帰係数の解釈は，次のように行います。

「怪我の程度が小」のときの懲役年数の増分が0だとすると，「怪我の程度が大」のときは，懲役年数が平均的に2.31年（2年4カ月ほど）増えます。あるいは，「被告人の魅力度が小」のときの懲役年数の増分を0とすると，「魅力度中」のときは0.55年（6カ月半ほど）懲役年数が減り，「魅力度大」のときは0.70年（8カ月半ほど）懲役年数が減ります。

このように，用いなかった冗長なカテゴリの回帰係数を基準（ゼロ）としたうえで，冗長でないカテゴリの相対的な影響力の大きさを，回帰係数から考察できます。

さらに，他の回帰係数を解釈してみます。今回のデータからは，被告人に前科があるときは，ないときと比べて，懲役年数が1.63年（1年8カ月ほど）長くなり，被害者の証言があるときは，ないときと比べて，懲役年数が0.97年（1年ほど）長くなり，回答者が女性であるときは，男性であるときと比べて，懲役年数が0.46年（半年ほど）長くなることがわかりました。

5.4.4 説明変数の選択

本章の分析では，すべての説明変数を使って目的変数を説明してきました。しかし，数量化Ⅰ類でも重回帰分析と同じく，説明変数間の相関が高いときは，回帰係数の推定が不安定になってしまいます（多重共線性）。そのため，説明変数間の関連性が高いときは，どちらかの説明変数を除いて再び分析を行うことになります。

説明変数は質的変数なので，ふつうの相関係数を求めることはできません。説明変数間の関連を調べるひとつの方法は，クロス表を使ってχ^2検定を行うことです。χ^2検定のp値が小さければ，2つの説明変数は独立でない（関連がある）といえます。

たとえば，「怪我の程度」と「被告人の前科」のクロス表は，表5-8のようになります。χ^2検定の結果は，$\chi^2_{(1)} = 0.153 (p = 0.696)$でした。つまり，「2つの説明変数は独立でないとはいえない（関連があるとはいえない）」ことになります。

このようなχ^2検定を，すべての説明変数の組み合わせで行い，説明変数間の関連を調べていきます。説明変数間に関連があると判断できるときは，いずれかの説明変数を除くことを検討します。上記の「怪我の程度」と「被告人の前科」の場合は，検定の結果が有意でなかったので，両方の変数を同時に説明変数として用いても大丈夫，ということになります。

表5-8 「怪我の程度」と「被告人の前科」のクロス表（カッコ内は期待度数）

	被告人に前科なし	被告人に前科あり	計
怪我の程度小	8 (7.47)	6 (6.53)	14
怪我の程度大	8 (8.53)	8 (7.47)	16
計	16	14	30

5.4.5 数量化Ⅰ類と分散分析

さて，ここまで数量化Ⅰ類について説明してきました。気がついた読者もいるかもしれませんが，数量化Ⅰ類（ダミー変数を用いた重回帰分析）による分析の結果は，主効果のみの（交互作用を考慮しない）分散分析（第2巻を参照）の結果と同じになります。表5-2のデータを，怪我の程度（小・大）×被告人の前科（なし・あり）×被告人の魅力度（小・中・大）×被害者の証言（なし・あり）×回答者の性別（男・女）の5要因で分散分析したときの，母数の推定値を表5-9に示

表 5-9 分散分析（主効果のみ，交互作用なし）の母数推定値

	母数β	標準誤差	p値
定数	3.84	0.59	0.00
怪我の程度小	0		
怪我の程度大	2.31	0.41	0.00
被告人に前科なし	0		
被告人に前科あり	1.63	0.40	0.00
被告人の魅力度小	0		
被告人の魅力度中	−0.55	0.52	0.30
被告人の魅力度大	−0.70	0.51	0.18
被害者の証言なし	0		
被害者の証言あり	0.97	0.42	0.03
回答者が男性	0		
回答者が女性	0.46	0.41	0.27

しました。結果は表5-7とまったく同じであることがわかると思います。つまり，表5-2のようなデータを分析するときは，数量化Ⅰ類ではなく，分散分析を使ってもよいことになります。

数量化Ⅰ類は，交互作用を考えない分散分析と同一です。しかも，分散分析のほうが，交互作用を考えることができるぶん，豊かな分析が行えます。そのうえ，ダミー変数を作るという作業がないので，楽に分析ができます。

では，分散分析と比べたときの数量化Ⅰ類のメリットは，何なのでしょうか。それは，強調している出力の違いです。分散分析では通常，表5-9のようなカテゴリごとの目的変数に与える影響（回帰係数）を，出力として重視しません。カテゴリごとではなく，変数ごとの目的変数に対する分散の説明力の大きさを重視します。したがって，分散分析では，表5-9のような結果は，標準的に出力されるものではありません。本章の目的は，各カテゴリが目的変数に与える効果を知ることでした。この目的に対しては，数量化Ⅰ類のほうが直接的な結果を出力します。

なお，数量化Ⅰ類は，説明変数に量的なものと質的なものが混在していても簡単に使えます。このときの数量化Ⅰ類は，共分散分析（第3巻を参照）と同じです。たとえば表5-10は，表5-2

表 5-10 説明変数が質的・量的変数の両方を含むデータ例

	怪我の程度	被告人の前科	被告人の魅力度	被害者の証言	被害者の年齢	回答者の性別	懲役年数
回答者1	大	なし	大	なし	20	男	5
回答者2	小	あり	小	あり	18	女	7
回答者3	大	あり	中	なし	27	女	9
⋮	⋮	⋮	⋮	⋮	⋮	⋮	⋮
回答者30	小	なし	大	なし	21	男	4

の説明変数に,「被害者の年齢」を加えたものです。もちろん,被害者の年齢を,たとえば「25歳未満」「25歳以上」という2つのカテゴリに分けて,分散分析を行うこともできます。ですが,年齢そのものを量的変数として使いたいときには,数量化Ⅰ類が適しています。

表5-10のデータに対して,質的な説明変数はダミー変数に変換し,数量化Ⅰ類を行った結果が表5-11です。「被害者の年齢が1歳上がると,回答される懲役年数が0.04年下がる」ことを示しています。なお,先述したとおり,表示されていないカテゴリの回帰係数は0になります。

表5-11 表5-10のデータの重回帰分析の結果

	回帰係数 β	標準誤差	p 値
定数	4.91	1.31	0.00
怪我の程度大	2.27	0.41	0.00
被告人に前科あり	1.59	0.40	0.00
被告人の魅力度中	−0.57	0.53	0.29
被告人の魅力度大	−0.68	0.51	0.20
被害者の証言あり	0.90	0.43	0.05
被害者の年齢	−0.04	0.42	0.37
回答者が女性	0.42	0.41	0.29

5.5 数量化Ⅱ類による懲役年数の判別

数量化Ⅱ類は,数量化Ⅰ類と同じく,質的な説明変数を扱うための手法です。しかし,数量化Ⅰ類とは違い,目的変数も質的になります。説明変数が質的であるときの判別分析,といってもよいです。判別分析は,表5-1のとおり,各サンプルがどのグループ(群)に属するかを,サンプルの特徴を表すさまざまな説明変数(量的変数)から判別する手法です。

数量化Ⅱ類では数量化Ⅰ類と同じく,説明変数のカテゴリをダミー変数に変換します。ここでは簡単に,目的変数のカテゴリ数が2のとき(2群に判別するとき)の数量化Ⅱ類を説明します。

表5-2の例で,懲役年数を自由回答させるのではなく,「6年以下」か「6年より多い」の2択で回答させたとします(表5-12)。目的変数は,「6年以下」「6年より多い」の2群となります。このとき,それぞれの群に適当な数値を割りふります。ここでは,「懲役が6年以下」のときを−1,「懲役が6年より多い」ときを1としました。

表5-12 目的変数を質的変数としたときの表5-2の仮想データ

	説明変数					目的変数
	怪我の程度	被告人の前科	被告人の魅力度	被害者の証言	回答者の性別	懲役 ≦6年 → −1 >6年 → 1
回答者1	大	なし	大	なし	男	−1
回答者2	小	あり	小	あり	女	1
回答者3	大	あり	中	なし	女	1
⋮	⋮	⋮	⋮	⋮	⋮	⋮
回答者30	小	なし	大	なし	男	−1

このような2群への判別は数量化Ⅱ類の対象ですが,数量化Ⅰ類と同じように行うことがで

第5章　量刑判断の影響要因をさぐる —— 数量化Ⅰ類・Ⅱ類　83

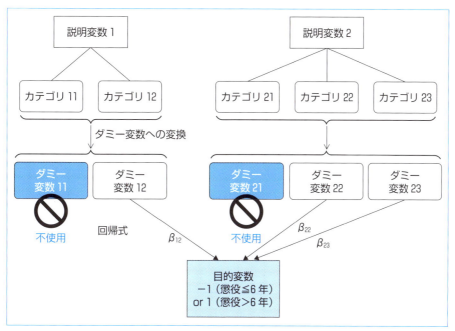

図5-4　数量化Ⅱ類（2群の判別）の概念図

きます（図5-4）。まず，各説明変数のカテゴリを，ダミー変数に変換します。そして，ダミー変数から目的変数（−1か1）を予測する回帰式を作ります。回帰式を使って得られた値（**サンプルスコア**）に基づき，「懲役が6年以下」と「懲役が6年より多い」のどちらの群かを判別します。

表5-13　表5-12のデータの重回帰分析の結果

	回帰係数 β	標準誤差	p 値
定数	−1.30	0.45	0.01
怪我の程度大	1.02	0.31	0.00
被告人に前科あり	0.72	0.30	0.03
被告人の魅力度中	−0.28	0.40	0.50
被告人の魅力度大	−0.09	0.39	0.83
被害者の証言あり	0.37	0.32	0.26
回答者が女性	0.27	0.31	0.40

重回帰分析の結果は，表5-13のようになります。回帰係数 β から，それぞれのダミー変数が「懲役が6年以下」「6年より多い」という判別に，どのくらい寄与しているかを見てとれます。たとえば，「懲役が6年より多い」という判断を最も後押しするのは，「怪我の程度大」というカテゴリであることがわかります。

回帰式は次のようになります。

$$\text{サンプルスコア} = -1.30 + 1.02 \times \text{怪我の程度大}$$
$$+ 0.72 \times \text{被告人に前科あり}$$
$$- 0.28 \times \text{被告人の魅力度中} - 0.09 \times \text{被告人の魅力度大}$$
$$+ 0.37 \times \text{被害者の証言あり} + 0.27 \times \text{回答者が女性}$$

たとえば，表5-12の「回答者1」のデータからサンプルスコアを求めると，以下のようになります。

$$\text{回答者1のサンプルスコア} = -1.30 + 1.02 \times 1 + 0.72 \times 0 \\ - 0.28 \times 0 - 0.09 \times 1 + 0.37 \times 0 + 0.27 \times 0 \\ = -0.37$$

ただし，数量化Ⅰ類とは違い数量化Ⅱ類では，「懲役が6年以下か，6年より多いか」を判別します。この判別は，サンプルスコアの値から以下のように行います。

$$\text{サンプルスコア} \leqq 0 \rightarrow \text{懲役は6年以下}$$
$$\text{サンプルスコア} > 0 \rightarrow \text{懲役は6年より多い}$$

回答者1の場合，サンプルスコアは0以下なので，「懲役は6年以下」と判別します。実際，「6年以下」という回答なので，この判別は正しいといえます。

このように，数量化Ⅱ類により，「懲役が6年以下か，それより多いか」という判断に寄与する要因を調べることができました。他にも，「有罪か無罪か」「執行猶予がつくかつかないか」といった判断に寄与する要因を調べるために，数量化Ⅱ類を使うことができます。

5.6 まとめ

本章では，量刑などの法的判断に影響を与える要因を，数量化Ⅰ類・Ⅱ類により調べる方法について解説してきました。最後に，本章で用いた説明変数と法的判断との関係について，先行研究ではどのように考えられているかを紹介します。

陪審員制度など，裁判に国民が参加する制度が早くから始まっていた諸外国では，陪審員の判断にバイアスを与える要因について，広く研究が行われてきました。それらを概観すると，陪審員の特徴（性別など）によって判決が影響される程度は，低いです。一方，被告人の魅力度と判決については，弱い関係性が見られます。被告人が魅力的なほど，被告人に有利な判決になる傾向があるようです。ただし，陪審員の研究なので，「有罪・無罪」の判断を扱ったものが多いことに注意してください。

一方，わが国の裁判員制度の特徴である「量刑判断」に注目した研究も始まっています。一般人の量刑判断に影響を与える要因として，まず，犯行による被害の大きさが挙げられます。被害が大きいほど，量刑が重く判断されます。背後には，「被告人はその悪行に応じた報いを受けるべき」という，応報的な考え方があるとされています。また，被告人に前科がある場合に，量刑が重くなる傾向が指摘されています。前科があるときは，「再犯の可能性が高い」と評価さ

れるためだと考えられます。さらに，被害者やその親族による証言・意見は，裁判員の情緒に強く働きかけ，量刑が重くなる可能性が指摘されています。「被害者の心情をくみとり，量刑に反映することこそが市民感覚のあらわれだ」と歓迎される一方，「証拠に基づいた冷静な判断という大原則がゆらぐのでは」と危惧する声もあります。ただし，諸外国の研究によると，被害者らの感情表出と法的判断との間には，明確な関係は見いだされていないようです。

　このように，裁判員の判断に影響を与えうる要因は多くあります。要因のひとつひとつを特定していく研究は，もちろん大切です。一方で，多くの要因のうち，どの要因がとくに影響を与えうるのか，という視点も大切です。数量化Ⅰ類・Ⅱ類は，後者の視点での研究で有効だと考えられます。

【文献】

Dennis, J.D., Clayton, L. D., Dunford, B. B., Seying, R., & Pryce, J.(2001). Jury decision making : 45 years of empirical research on deliberating groups. *Psychology, Public, Policy, and Law*, **7**, 622-727.

菅民郎（1993）．多変量解析の実践――初心者がらくらく読める（下）．現代数学社

白井美穂・黒沢香（2009）．量刑判断の要因についての実験的検討――前科情報の種類による効果．法と心理学，**8**(1), 114-127.

白岩祐子・萩原ゆかり・唐沢かおり（2012）．裁判シナリオにおける非対称な認知の検討――被害者参加制度への態度や量刑判断との関係から．社会心理学研究，**28**(1), 41-50.

内田治（2010）．数量化理論とテキストマイニング――Excel/R/StatWorks. 日科技連出版社

綿村英一郎・分部利紘・高野陽太郎（2010）．一般市民の量刑判断――応報のため？　それとも再犯抑止やみせしめのため?. 法と心理学，**9**(1), 98-108.

問1：下表に,「性別」と「出身地」という2つの変数があります。この2変数について,ダミー変数を作成してください。さらに,冗長性をなくすためには,どのダミー変数を除けばよいかも考えてください。

表　性別・出身地のダミー変数化

性別	出身地	ダミー(男)	ダミー(女)	ダミー(日本)	ダミー(米国)	ダミー(中国)	ダミー(EU)
女	EU						
女	中国						
女	EU						
男	米国						
女	米国						
男	中国						
男	米国						
女	EU						
女	日本						
男	日本						

問2：本章で紹介したアンケート調査について,新たな回答者(男性)を呼んできました。この回答者に「怪我の程度大」「被告人の前科あり」「被告人の魅力度中」「被害者の証言あり」「被害者の年齢21歳」と条件操作した記事を読んでもらいました。この回答者は,懲役年数を何年と答える可能性が高いでしょうか。本文の表5-11で得られた回帰係数を用いて計算してください。その際,表中にないカテゴリの回帰係数は0であることに注意してください。

再犯リスク要因を特定する
── 生存時間分析

第6章

判決が出た後，罪を犯した人が二度と同じ過ちをくり返さないために，矯正教育を行います。適切な矯正教育を行うには，「その人が再犯する可能性はどのくらいあるか」「何を改善すれば再犯を抑えられるか」を，把握する必要があります。本章では，再犯率やそれに影響を与える要因を，生存時間分析という方法を使って調べます。

6.1 罪を犯した人の処遇

罪を犯した人を処遇する際，日本の司法システムは，二度と罪を犯さない人間に教育し成長させる，という矯正教育に重点を置きます。犯した罪の重さによって画一的な処遇をするのではなく，その人がなぜ事件を犯したのか，再犯させないためにはどうしたらよいのかを考え，処遇を決定します。少年の場合は，さらにきめ細かな処遇決定プロセスが用意されています。家庭裁判所の調査官や少年鑑別所の鑑別技官が，各少年が非行に至った原因や再非行の危険性について，医学・心理学・教育学・社会学などの専門知識から分析します。成人に比べ，少年は未熟であるぶん可塑性が高く，更生の可能性が高いと考えられるからです。

このように，個々の犯罪者もしくは非行少年に対して，その特性を専門家が見きわめ，必要な処遇を決めるといった手続きが，これまでの司法システムの主流でした。個人に注目した，臨床的なアプローチといえるでしょう。

一方で，近年，治療や教育の効果についてのエビデンス（証拠）を求める動きが，強くなっています。その流れを受け，犯罪者の処遇に関しても，客観的な根拠を示すことが求められるようになりました。とくに，犯罪者が再び罪を犯してしまう可能性がどのくらいあるか，すなわち再犯リスクの客観的な評価は，社会的な関心が高い課題です。それに応える取り組みも始まっています。たとえば法務省は，統計的な手法を駆使して，少年の再非行の危険性を客観的に把握するためのツール（法務省式リスクアセスメントツール）を開発しています。

6.2 再犯リスク要因

再犯の可能性を高める要因については，従来の臨床的なアプローチによる知見が蓄積されて

います。再犯リスク要因のうち，変化させることのできない履歴的な要因を静的要因，処遇によって改善可能な要因を動的要因と呼びます。非行少年の場合，静的要因は，年齢，性別，犯罪歴，被虐待歴などです。一方，動的要因は，社会的スキルの不足，感情統制力の弱さ，認知のゆがみ，不良交友，薬物・アルコール乱用などです。静的要因はデモグラフィック（人口動態的な）変数が多く，動的要因は心理変数や行動変数が多いです。

エビデンス・ベースドの（証拠に基づいた）アプローチでは，「これらの再犯リスク要因が，本当に再犯率に影響を与えるのか」について，客観的に調べることを目的とします。たとえば，矯正施設から出た人を何年かにわたり追跡し，どのような要因をもつ人が再犯しやすいかを調べていきます。このときに生存時間分析を使います。

6.3 生存時間分析の概要

生存時間分析は，もともと医療統計学の分野で多用してきた手法です。そこでの分析の対象は，患者が来院してから死亡するまでの生存時間や，手術をしてから再発するまでの予後の経過時間などでした。犯罪心理学における生存時間分析では，来院や手術を「矯正施設からの出所」，死亡や再発を「再犯」と読み替えて分析することになります。

犯罪心理学における生存時間分析の重要なテーマは，矯正施設を出てからの経過時間にともない，どのくらいの割合で再犯がおきるかを調べることです。結果は図6-1左のように表します。横軸は経過時間で，ここでは単位を「年」とします。縦軸は生存率で，ここでは「再犯していない者の割合（＝1－再犯した者の割合）」です。経過時間が増えるにしたがって，再犯していない者の割合が減っていくのがわかります。また，ある要因をもつ群と，もたない群を別々にプロットすることで（図6-1右），要因が再犯に与える効果を調べることもできます。図6-1右より，要因をもつ群は，もたない群よりも，再犯の確率が高いことが見てとれます。

以下の節では，データ例を示したうえで，どのように図6-1のような図を作成するのかにつ

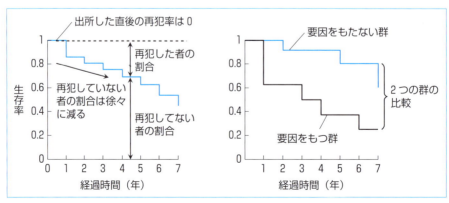

図6-1　生存時間分析の概略

いて説明します。さらに，再犯リスク要因が再犯率にどのくらいの影響を与えるのかについて，統計的に評価する方法を説明します。

6.4 再犯データの例

図6-2を見てください。これは，ある年以降に矯正施設を出た21名が再犯したか否かを，10年間にわたり観測したデータです（仮想データ）。各年の年末に，対象者の状況を調査し，その年に再犯があったかなかったかを確認します。

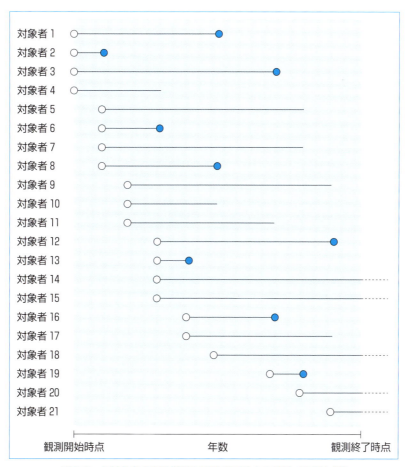

図6-2　各対象者の追跡期間と追跡終了時点の状況（出所年順）

6.4.1 イベントとセンサー

図6-2中のブルーの網掛けの領域が，観測期間（10年）です。通常，このような追跡調査では，観測期間を前もって決めています。各対象者の追跡期間は，それぞれの線分の左端（白丸）から右端までの期間です。たとえば，対象者1・2・3・4については，観測期間の最初から追跡

しています。しかし，対象者5以降は，観測期間の途中で出所したため，線分が観測期間の途中から始まっています。また，対象者の中には，右端が青丸（●）になっている人がいます。たとえば対象者1です。この対象者は，●の時点で再犯したことを意味します。

このような，追跡期間を経ておこる興味の対象である事象を，イベントもしくはエンドポイントと呼びます。医療統計の分野では，たとえば患者が来院してからある時間が経過した後の「死亡」や，手術した後の「再発」が，イベントになります。

右端が●でない場合は，何らかの理由でイベント（再犯）を確認できなかったことを意味します。たとえば，対象者4に関しては，3年目の年末に連絡がとれなくなり，それ以降は追跡できませんでした。また，対象者14に関しては，観測終了時点まで再犯が見られませんでした。

このように，イベントを確認できないデータを，打ち切りデータ，あるいはセンサー（censor）[*10]と呼びます。センサーには，主に3種類あります。①観測期間の終了による打ち切り，②対象者の追跡不能による打ち切り，③対象者自らが研究協力を取りやめることによる打ち切り，です。

表6-1は，図6-2を追跡期間の長さによって整理したデータです。一般に，イベント（再犯）が発生したかどうかを表す変数を，センサーシップ（censorship）といいます。センサーシップは，イベント（ここでは再犯）が発生したら1，イベントが観測されず打ち切りとなったら0となる，2値変数です。

表6-1 各対象者の追跡期間と追跡終了時点の状況（追跡期間が短い順）

	追跡期間（年）	再犯の有無（センサーシップ）
対象者2	1	1
対象者13	1	1
対象者19	1	1
対象者21	1	0
対象者6	2	1
対象者20	2	0
対象者16	3	1
対象者4	3	0
対象者10	3	0
対象者8	4	1
対象者1	5	1
対象者11	5	0
対象者17	5	0
対象者18	5	0
対象者12	6	1
対象者3	7	1
対象者9	7	0
対象者5	7	0
対象者7	7	0
対象者14	7	0
対象者15	7	0
平均追跡期間（平均生存時間）	平均再犯率（平均ハザード率）	
4.24	0.101	

6.4.2 平均生存時間と平均ハザード率

生存時間分析における重要な記述統計量は，平均生存時間と平均ハザード率です。平均生存時間は，表6-1では文脈に合わせて「平均追跡期間」と表現しています。これは，追跡期間の単純平均であり，出所した対象者が再犯に至るまでの平均的な期間について，示唆を与えてくれる指標です。しかし，解釈には注意が必要です。対象者の中には打ち切りデータがあります。

[*10] censorはもともと，「検閲する」「検閲して排除する」という意味です。ここでは「打ち切って排除する」というような意味になります。

たとえば対象者5は，7年追跡しましたが，再犯を観測しないまま打ち切りとなってしまいました。今後，再犯に至る可能性もありますが，再犯しない可能性もあります。したがって，対象者5の「7年」という値は，本当の値を過小評価しています。このようなデータの平均値である平均追跡期間は，本当の値よりも小さく得られているはずです。平均追跡期間は，再犯に至るまでの期間の下限である，という認識が必要です。

次に重要な記述統計量は，平均ハザード率です。表6-1では文脈に合わせて，「平均再犯率」としています。生存時間分析のイベントは一般的に，ネガティブな事象（死亡，病気の再発，再犯など）が多いので，そのような事象がおこることは危険だとして，ハザード（hazard）といいます。平均ハザード率は，以下のように計算します。

$$\text{平均ハザード率（平均再犯率）} = \frac{\text{イベントの発生数（再犯数）}}{\text{生存時間の和（追跡期間の和）}} = \frac{9}{89} = 0.101$$

これは，すべての対象者の追跡期間のうち，イベントが何回発生したかを示しています。たとえば，上記の例では，総追跡期間89年のうち9回の再犯を観測しているため，1年あたりの再犯割合が0.101回だというわけです。しかし，前述のとおり打ち切りデータがあるので，生存時間（追跡期間）は過小評価されています。過小評価されている値が分母にあるので，分数全体である平均ハザード率は過大評価されていることに，注意する必要があります。

6.5 再犯率の推移を示すカプラン・マイヤープロット

6.5.1 カプラン・マイヤー生存率

では，打ち切りデータを適切に考慮して分析するには，どうしたらよいでしょうか。ここで利用できるのが，カプラン・マイヤー生存率です。まず，表6-1の内容を，追跡期間ごとに表6-2のようにまとめ直します。

各列の内容は以下のとおりです。

> **カプラン・マイヤー生存率を求めるための変数一覧**
>
> **追跡期間（経過時間）**——表6-2では，この追跡期間が短い順に並べています。たとえば，追跡期間＝2の行は，追跡2年目からの1年間のことを記録しています。
>
> **観測対象者数**——その年の観測対象者の数。リスクセットともいいます。その年の入り口にたどりついた人数で，年末までイベントやセンサーが見られなかった人数ではありません。たとえば，追跡期間が2年の行の17名は，追跡2年目に突入できた人数です。2年間を無事に完了できた人数ではありません。
>
> **イベント発生数**——その年のイベント発生数。

センサー発生数——その年のセンサー発生数。

カプラン・マイヤー生存率——その年の累積生存率。累積生存率とは、初年度からその年の終わりまで、再犯せずに終わることができた割合です。たとえば、追跡期間＝2における累積生存率は0.807です。つまり、80.7％が再犯せずに2年目の年末を迎えることができたことを示しています。これが本節で求めたい数値です。

表6-2 追跡期間ごとの再犯数とカプラン・マイヤー生存率

追跡期間 （経過時間）	観測 対象者数	イベント 発生数	センサー 発生数	カプラン・マイヤー 生存率
0（出所時）年	21	0	0	1
1年	21	3	1	$1 \times \frac{21-3}{21} = 0.857$
2年	17	1	1	$0.857 \times \frac{17-1}{17} = 0.807$
3年	15	1	2	$0.807 \times \frac{15-1}{15} = 0.753$
4年	12	1	0	$0.753 \times \frac{12-1}{12} = 0.690$
5年	11	1	3	$0.690 \times \frac{11-1}{11} = 0.627$
6年	7	1	0	$0.627 \times \frac{7-1}{7} = 0.537$
7年	6	1	5	$0.537 \times \frac{6-1}{6} = 0.448$

たとえば、追跡期間＝2のカプラン・マイヤー生存率（累積生存率）は、図6-3のように計算します。これは、2年目の年末までの生存率、つまり2年間の累積生存率（再犯しなかった者の割合）を意味しています。

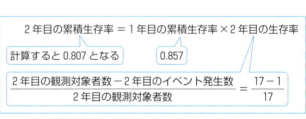

図6-3 2年目のカプラン-マイヤー生存率

2年間の累積生存率（再犯しなかった者の割合）は、追跡期間＝1の行で示されている1年間の累積生存率（0.857）に、2年目の生存率（(17−1)/17）をかけたものになります。

ある年のセンサー発生数は、その翌年の観測対象者数（リスクセット）にカウントしないという方法で、分析において考慮しています。たとえば、3年目の観測対象者数15は、2年目の観測対象者数17から、2年目のイベント発生数1と、センサー発生数1を引いた数になっています。

表6-2のような計算により,「各年までの累積生存率(再犯していない者の割合)」を求めることができました。これを縦軸に,経過時間(追跡期間)を横軸にしてプロットしたものが,カプラン・マイヤープロットです。カプラン・マイヤープロットにより,再犯していない者の割合が,時間の経過にともなってどのように推移していくのかを観察できます(図6-4)。

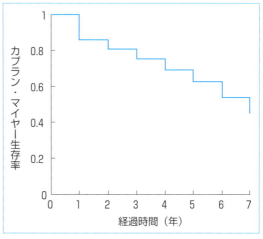

図6-4 カプラン・マイヤープロット

6.5.2 ログランク検定

前項の分析から,「矯正施設を出てからどのくらいの年数で,どの程度再犯がおこるのか」についての傾向をつかむことができました。本項ではこれを発展させ,「ある要因が再犯率にどのような影響を及ぼすか」を調べます。

表6-3は,表6-1に,2つの再犯リスク要因(「追跡開始時までに不登校になったことがある

表6-3 各対象者の不登校・保護者の放任の有無

	追跡期間(年)	再犯の有無	不登校	放任
対象者2	1	1	1	1
対象者13	1	1	0	1
対象者19	1	1	0	1
対象者21	1	0	1	0
対象者6	2	1	1	0
対象者20	2	0	1	0
対象者16	3	1	0	1
対象者4	3	0	0	0
対象者10	3	0	0	0
対象者8	4	1	0	1
対象者1	5	1	0	0
対象者11	5	0	0	0
対象者17	5	0	0	0
対象者8	5	0	0	0
対象者12	6	1	0	1
対象者3	7	1	1	0
対象者9	7	0	0	1
対象者5	7	0	0	1
対象者7	7	0	1	0
対象者14	7	0	0	0
対象者15	7	0	0	0
	平均追跡期間	平均再犯率	平均不登校率	平均放任率
	4.24	0.101	0.286	0.381

か」「追跡開始時に保護者の放任が見られたか」）についての，各対象者の状態をつけ加えたものです。「不登校の経験（不登校の経験があれば1，そうでなければ0）」は静的要因，「保護者の放任（放任が認められれば1，そうでなければ0）」は動的要因です。

まず，「保護者の放任」という要因に注目します。放任がある場合とない場合でデータセットを2つに分け，別々にカプラン・マイヤープロットを描いたものが図6-5です。図から，保護者が放任していると再犯がおこりやすくなることが見てとれます。

しかし，この再犯率の違いは，偶然におこるレベルではないといい切れるでしょうか。これを調べる方法が，ログランク検定とCox比例ハザード分析です。ここではまず，ログランク検定を説明します。

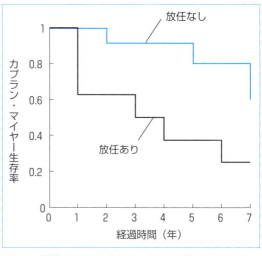

図6-5 保護者の放任の有無によるカプラン・マイヤープロットの違い

ログランク検定では，「放任あり群となし群のプロットは等しい」という帰無仮説にしたがって，χ^2検定を行います。χ^2値は，表6-4を作成しながら求めると簡単です。イベント（ここでは再犯）がおきた年に関して，表6-4の各行を埋めていきます。イベントがおこらなかった年は，たとえ打ち切り（センサー）があっても，計算の必要はありません。表6-4のうち，観測対象者数，イベント発生数，カプラン・マイヤー生存率の列は，表6-2の方法で計算できます。ここでは，残りの列の計算法を見ていきましょう。追跡2年目でのイベント発生数の期待度数（E_0，E_1），差（D_0，D_1），分散（V_0，V_1）の計算法を例にとって説明します。

表6-4 カプラン・マイヤー表

追跡(経過)期間	観測対象者数		イベント発生数(観測度数)		カプラン・マイヤー生存率		イベント発生数の期待度数		イベント発生数と期待度数の差		分散	
	放任なし	放任あり	放任なし	放任あり	放任なし	放任あり	放任なし	放任あり	放任なし	放任あり	放任なし	放任あり
1年	13	8	0	3	1	0.625	1.86	1.14	−1.86	1.86	0.637	0.637
2年	12 (N_0)	5 (N_1)	1 (M_0)	0 (M_1)	0.917 (S_0)	0.625 (S_1)	0.706 (E_0)	0.294 (E_1)	0.294 (D_0)	−0.294 (D_1)	0.208 (V_0)	0.208 (V_1)
3年	10	5	0	1	0.917	0.500	0.667	0.333	−0.667	0.667	0.222	0.222
4年	8	4	0	1	0.917	0.375	0.667	0.333	−0.667	0.667	0.222	0.222
5年	8	3	1	0	0.802	0.375	0.727	0.273	0.273	−0.273	0.198	0.198
6年	4	3	0	1	0.802	0.250	0.571	0.429	−0.571	0.571	0.245	0.245
7年	4	2	1	0	0.602	0.250	0.667	0.333	0.333	−0.333	0.222	0.222
合計									−2.86 (−Y)	2.86 (Y)	1.95 (Z)	1.95 (Z)

まず，期待度数（$E_0 \cdot E_1$）は以下のように計算できます。

$$E_0 = \frac{N_0}{N_0+N_1} \times (M_0+M_1) = \frac{12}{12+5} \times (1+0) = \frac{12}{17} = 0.706$$

$$E_1 = \frac{N_1}{N_0+N_1} \times (M_0+M_1) = \frac{5}{12+5} \times (1+0) = \frac{5}{17} = 0.294$$

これは，放任あり群・放任なし群の割合から，期待されるイベントの発生数となっています。両者を足すとイベント発生数（ここでは1）になります。

D_0とD_1は，イベント発生数（観測度数）と期待度数との差です。

$$D_0 = M_0 - E_0 = 1 - 0.706 = 0.294$$
$$D_1 = M_1 - E_1 = 0 - 0.294 = -0.294$$

分散（V_0，V_1）は，少し複雑ですが以下の式を使って計算します。左右のセルで同じ値になります。

$$V_0 = V_1 = \frac{N_0 \times N_1 \times (M_0+M_1) \times (N_0+N_1-M_0-M_1)}{(N_0+N_1)^2 \times (N_0+N_1-1)}$$

$$= \frac{12 \times 5 \times (1+0) \times (12+5-1-0)}{(12+5)^2 \times (12+5-1)} = 0.208$$

以上の計算をくり返して，表6-4を完成させます。検定統計量のカイ2乗値（χ^2）は，イベント発生数（観測度数）と期待度数の差をすべての追跡期間で足した値（表6-4中のY）の2乗を，分散をすべての追跡期間で足した値（表6-4中のZ）で割ったものです。

$$\chi^2 = \frac{Y^2}{Z} = \frac{2.86^2}{1.95} = 4.19$$

帰無仮説「放任あり群となし群のプロットは等しい」が成り立つときには，χ^2の値は自由度1のχ^2分布にしたがいます。$\chi^2_{(1)} = 4.19$に対応する確率は，0.041です。これは有意水準の0.05より小さいため，有意水準5％で帰無仮説を棄却します。つまり，「放任あり群となし群のプロットは異なる」となります。

今回のデータから，保護者の放任は，再犯率を高める要因のひとつだといえます。保護者の放任は動的要因なので，保護者に直接働きかけることで，再犯のリスクを減らすことができる

可能性があります。

6.6 複数の再犯リスク要因を調べるCox比例ハザード分析

ログランク検定では，一つの要因（保護者の放任）が再犯に与える影響を調べました。しかし，再犯に影響を与えうる要因は，他にもあります。たとえば，学生時代に不登校を経験していることが，再犯率と関係する可能性が指摘されています。このように，いくつかの重要な要因が存在するときは，それらを別々に扱うのではなく，同時に考慮して分析するほうがよいです。**Cox比例ハザード分析**では，イベントの発生と関係するであろう複数の要因（ここでは，保護者の放任と不登校歴）が，実際のイベント（再犯）の発生確率にどのように影響するのかを評価します。

前述のとおり，生存時間分析では一般に，イベントはネガティブな事象（死亡，病気の再発，再犯など）であることが多いので，そのような事象がおこることは危険であると考えます。Cox比例ハザード分析は，この事象の危険性（ハザード）を，リスク要因を説明変数とした数式で表現します。

Cox比例ハザード分析の主な目的をまとめると，以下の3つになります。

Cox比例ハザード分析の目的
① 説明変数（ここでは2つの再犯リスク要因）が，イベント発生率（再犯率）に与える影響が有意であるかを検証すること。
② 説明変数のハザード比の推定値を得ること（ハザード比については後述します）。
③ 説明変数のハザード比の信頼区間を得ること。

本節では，これらの目的をCox比例ハザード分析により，どのように達成するかを説明します。

6.6.1 Cox比例ハザード分析の結果

Cox比例ハザード分析の概要を把握するために，まずは分析の結果から見てみましょう。表6-5を見てわかるとおり，回帰分析（本シリーズ第3巻を参照）や，ロジスティック回帰分析（第8巻を参照）の結果と，よく似ています。

表6-5 Cox比例ハザード分析の結果

説明変数	係数β	標準誤差	p値	ハザード比 $\exp(\beta)$	ハザード比の95%信頼区間
不登校	1.54	0.915	0.092	4.67	0.778−28.1
放任	2.03	0.892	0.023	7.63	1.33−43.9

まず、① 各再犯リスク要因が、再犯率に有意な影響を与えるかどうかを見てみましょう。各要因の係数 β の p 値を見てください。保護者の放任は、再犯率に5%水準で有意な影響を与えているとわかります。一方、不登校の影響は、5%水準で有意ではありませんでした。

図6-6では、再犯リスク要因ごとに、累積生存率をプロットしました。とくに、保護者の放任の有無により、再犯率が異なる様子が見てとれます。

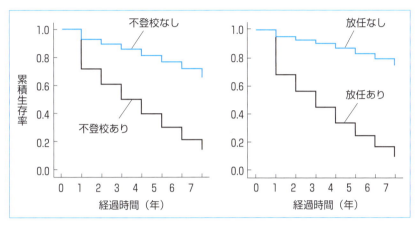

図6-6　Cox比例ハザードモデルによる累積生存率のプロット

次に、② ハザード比について見てみましょう。ハザード比とは、その性質をもつ者は、もたない者に比べて再犯する確率が何倍かを示すものです。たとえば、不登校に関するハザード比は、以下のように定義します。

$$\text{不登校ハザード比} = \frac{\text{不登校歴があるときの再犯の危険性}}{\text{不登校歴がないときの再犯の危険性}} \quad [6\text{-}①]$$
$$= \exp(\text{不登校の係数}\beta)$$

不登校歴があるときとないときの再犯の危険性が同じであれば、真ん中の分数における分母と分子が等しくなって、ハザード比が1.0になります。したがって、ハザード比が1.0を超えるときは分子の危険性のほうが高いことを示し、1.0を下回るときは分母の危険性のほうが高いことを示します。

[6-①] 式の右辺が示すように、ハザード比は、exp（係数 β）として表現できます。係数 β を直接解釈することはせず、exp（係数 β）の大きさを解釈します。exp は指数のことで、$\exp(\beta) = e^\beta$ です。不登校歴に関するハザード比を計算すると、$\exp(1.54) = 4.67$ です。これは、「不登校歴のある者は、不登校歴のない者に対して4.67倍、再犯の危険性（ハザード）が高い」と解釈できます。

最後に、③ ハザード比の信頼区間を見てみましょう。信頼区間は、ハザード比の推定値が、

どれくらいの精度で求まるのかに関する指標です。「不登校」のハザード比は4.67でした。しかし，この標本においてたまたま4.67であるだけです。では，母集団における真のハザード比は，どれくらいなのでしょうか。ハザード比の95％の信頼区間を調べると，0.778－28.1とかなり幅が広く，信頼区間の下限が1より小さくなっていることがわかります。つまり，母集団におけるハザード比は，「95％の確率で1より大きい（不登校なし群よりも不登校あり群のほうが，再犯の危険性が高い）」とはいえません。一方，保護者の放任に関しては，信頼区間の下限が1より大きくなっています。そのため，母集団におけるハザード比は，「95％の確率で1より大きい（放任なし群よりも放任あり群のほうが，再犯の危険性が高い）」といえます。このように，目の前の標本から得られたハザード比だけでなく，母集団においても効果があると認められるかを検討することが大切です。

6.6.2　Cox比例ハザード分析のモデル

さて，イメージがつかめたところで，Cox比例ハザード分析のモデルを見ていきましょう。少し数理に立ち入るので，数学の苦手な読者は参考程度でかまいません。

今回のデータ例において，不登校の有無をx_1（不登校があった場合は$x_1=1$，不登校がなかった場合は$x_1=0$），保護者の放任の有無をx_2（放任がある場合は$x_2=1$，放任がない場合は$x_2=0$）とします。それら2つの説明変数が確認されたもとでの，時点tでの再犯の危険性（ハザード：$h(t|x_1, x_2)$）を以下のようにモデル化します。これをハザード関数と呼びます。

$$h(t|x_1, x_2) = h_0(t) \times \exp(\beta_1 \times x_1 + \beta_2 \times x_2)$$
$$= h_0(t) \times \exp(\beta_1 \times x_1) \times \exp(\beta_2 \times x_2) \quad [6\text{-}②]$$

ハザード関数は，時間によって変化する関数（基準ハザード関数：$h_0(t)$）と，要因の有無によって変化する関数（$\exp(\beta_1 \times x_1) \times \exp(\beta_2 \times x_2)$）の積として表します。表6-5の係数$\beta$は，数式中の$\beta_1$（不登校の係数），$\beta_2$（放任の係数）のことでした。

先ほど示したとおり，$\exp(\beta)$はハザード比です。これを［6-②］式から導いてみましょう。保護者の放任があったという条件（$x_2=1$）での，不登校があった場合（$x_1=1$）となかった場

質問コーナー

exp（β）のイメージがつかめません。

　exp（β）はe^βのことでしたね。eは**ネイピア数**（あるいは**オイラー数**）といって，具体的には2.718281……という大きさの数字です。小数点以下が無限に続きます（**無理数**といいます）。そのため，たとえばexp（1.54）は，だいたい2.72の1.54乗（$2.72^{1.54}=4.67$）になります。

合（$x_1 = 0$）の，ハザード関数の比（ハザード比）を計算すると，以下のようになります。

$$\frac{h(t|x_1=1, x_2=1)}{h(t|x_1=0, x_2=1)} = \frac{h_0(t) \times \exp(\beta_1 \times 1) \times \exp(\beta_2 \times 1)}{h_0(t) \times \exp(\beta_1 \times 0) \times \exp(\beta_2 \times 1)}$$

$$= \frac{\exp(\beta_1 \times 1)}{\exp(\beta_1 \times 0)} = \frac{\exp(\beta_1)}{\exp(0)} = \exp(\beta_1)$$

[6-②] 式のモデルのもとでは，不登校という要因のハザード比は，$\exp(\beta_1)$ と一致することがわかります。ちなみに，保護者の放任がなかったという条件（$x_2=0$）でも，不登校があった場合となかった場合のハザード関数の比は，分子と分母の同じ項を約分すると $\exp(\beta_1)$ になります。

[6-②] 式のモデルを使うと，ハザード関数の比をとったとき，時間によって変化する関数（$h_0(t)$）が約分され，時間によらない項（$\exp(\beta_1)$）だけが残ります。つまり，ハザード関数の比は，時間によって変化しません。この制約を**比例ハザード性**と呼びます。[6-②] 式はこの制約を仮定したモデルであるため，**Cox比例ハザード分析**と呼びます。比例ハザード性を仮定するおかげで，係数 β の計算が簡単になるというメリットがあります。

6.6.3 比例ハザード性の検証

しかし，比例ハザード性の仮定は，表6-3のデータにおいて本当に成り立っているのでしょうか。もし，この仮定が成り立つのであれば，先ほど述べたとおり，不登校があった群のハザード関数と不登校がなかった群のハザード関数の比は，時間によって変化しないはずです。比例ハザード性の仮定が成立するかどうかを，視覚的に検討する方法が，**ログマイナスログ（log minus log）プロット**です。

比例ハザード性が成り立つとき，不登校があった群の生存率プロットのログマイナスログ（生存率の対数にマイナスをかけ，さらに対数をとったもの）は，不登校がなかった群の生存率プロットのログマイナスログを，変数の係数の分だけ（$\beta_1 = 1.54$）平行移動させたものになります。図6-7左に，不登校があった群・なかった群の，ログマイナスログプロットを示しました。2つのプロットは，経過時間にかかわらず，ほぼ平行のように見えます。したがって，比例ハザード性が成り立つと考えてよさそうです。いい換えると，今回の例では，不登校なし群と比べたときの不登校あり群の再犯の危険性は，時間の経過によって変化しないといってよいです。保護者の放任があった群・なかった群についても，ログマイナスログプロットを見るかぎり（図6-7右），比例ハザード性が成り立ちそうです。このプロットが平行でないときは，比例ハザード性の仮定が成立しないため，Cox比例ハザードモデルを用いることができません。時間によってハザード比が異なることを許容する，より複雑なモデルを使うことになります。

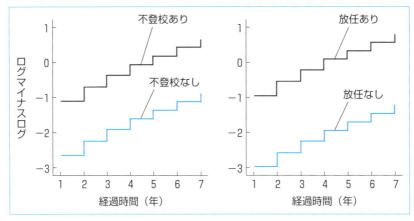

図 6-7　要因ごとのログマイナスログプロット

6.7　矯正教育とエビデンス

　生存時間分析により再犯のリスク要因を同定できれば，個々の対象者の処遇を決める際のエビデンスになります。矯正教育は，国の専門機関で強制力をもって行われるものです。そのため，処遇の根拠を，対象者やその家族はもちろん，社会全体に対しても説明する責任があります。実証的に支持された処遇であれば，対象者はそれを納得して受け入れることができ，より効果が上がると期待できます。さらに，矯正教育に対する社会的な理解も進むはずです。

　一方で，客観的な方法だけから再犯のリスクを評価するのは，問題があるかもしれません。対象者がもつ再犯リスク要因だけに目をとられてしまうと，対象者自身を理解しようとする観点が抜け落ちてしまう可能性があります。また，「対象者がどのようなリスク要因をもつか」だけではなく，「複数のリスク要因がどのように相互作用するか」という視点が重要だ，とする意見もあります。今後は，標本サイズの大きいデータから再犯リスク要因を客観的に明らかにするとともに，個々の対象者と向き合いその人のリスク要因を総合的にとらえていく，バランスのよいアセスメントが必要になるでしょう。

質問コーナー

再犯リスク要因には他にどのようなものがありますか？

　とくに非行少年の場合，家族からの虐待，不良集団とのつきあいなど，周囲の人間関係から強い影響を受けます。また，刺激やスリルを求める，感情統制が弱い，といった性格特性も再犯の危険性を高めます。

6.8 まとめ

　生存時間分析は，各対象に対して1回だけおこるようなイベントが，どれくらいの時間を経ておこったのかを分析するための手法です。その際，時間の経過によって生存率（再犯していない者の割合）やハザード（再犯の危険性）が，どのように変化するかを検討することができます。

　本章で取り上げたカプラン・マイヤー生存率による分析は，数学関数を使ったモデルではないので，ノンパラメトリックな（数学関数を使ってモデル化していない）手法といえます。一方で，Cox比例ハザード分析は，ハザード関数を係数βと指数関数を用いて［6-②］式ようにモデル化しているので，よりパラメトリックな（数学関数を使ってモデル化した）方法です。しかし，基準ハザード関数$h_0(t)$の中身を指定しなくても，分析ができてしまいます。したがって，完全に数学関数で定義されたモデルではありません。そのため，Cox比例ハザード分析は，セミパラメトリックな分析といえます。

　ただし，生存時間分析には，基準ハザード関数も含めて，完全にパラメトリックなモデルも提案されています。また，時期を通してハザード比が一定であるという制約（比例ハザード性）を仮定せず，時期によってハザード比が変化するという仮定のもとで分析する手法も，提案されています。

【文献】

法務省矯正局成人矯正課（2012）．刑事施設における性犯罪者処遇プログラム受講者の再犯等に関する分析．研究報告書

生島浩・岡本吉生・廣井亮一編著（2011）．非行臨床の新潮流——リスク・アセスメントと処遇の実際．金剛出版

中村剛（2001）Cox比例ハザードモデル．朝倉書店

岡邊健（2013）．現代日本の少年非行——その発生態様と関連要因に関する実証的研究．現代人文社．

理解できたか
チェック
してみよう！

問1：文中の表6-3をもとに，不登校あり群・なし群別に，以下のカプラン・マイヤー表を完成させ，累積生存率をプロットしてください。そして，不登校あり群となし群のカプラン・マイヤープロットに違いがあるかを，ログランク検定してください。

表　カプラン・マイヤー表

追跡（経過）期間	観測対象者数		イベント発生数（観測度数）		カプラン・マイヤー生存率		イベント発生数の期待度数		イベント発生数と期待度数の差		分散	
	不登校なし	不登校あり	不登校なし	不登校あり	不登校なし	不登校あり	不登校なし	不登校あり	不登校なし	不登校あり	不登校なし	不登校あり
1年												
2年												
3年												
4年												
5年												
6年												
7年												
							合計					

第7章 犯罪を予防する ── 地理空間分析

　第6章では，犯罪者の個人的な要因（生育歴，家庭環境，性格など）により，再犯リスクがどのように変わるかを評価しました。本章では，個人をとりまく環境を分析することにより，犯罪を予防することをめざします。

7.1 地理情報による犯罪予防

　従来の犯罪学の研究は，「人はなぜ犯罪者になるのか」に焦点を当てたものがほとんどでした。犯罪がおきる原因を人の中に見いだし，それを取り除くことで犯罪を抑止しようとしてきました。これに対し，1970年代ごろから，人ではなく環境に注目した犯罪予防の研究が始まりました。これは，「犯罪を行う可能性がある人は常に存在する」ことを認めたうえで，そういった人が犯罪をおこさないような環境を作っていこうとする試みです。

　環境に焦点を当てた犯罪予防は，まず，犯罪がおこりやすい場所を特定することから始まります。犯罪がおこりやすい場所を特定できれば，その特徴を整理することで，逆に「犯罪がおこりにくい環境とはどのようなものか」を明らかにすることができます。

　一方で，犯罪がおこりやすい場所の特定は，地域の防犯活動において，もっと直接的な意義があります。犯罪がおこりやすい場所がわかれば，警察はその場所のパトロールを強化したり，警察官を重点的に配備したりできます。地域の住民も，犯罪がおこりやすい場所ではより慎重に行動したり，注意を喚起する広告を設置したりできるでしょう。このような活動により，犯罪の発生を効率的に抑えることが可能になります。

　「どこで犯罪がおきているのか」については，地図上で犯罪がおきた場所に印をつけていくことで把握できます。このような作業は，近年，地理情報システム（Geographic Information System：GIS）の一般化にともない，以前より簡単に行えるようになりました。

　本章では，このような犯罪発生地点に関する情報をもとに，犯罪がおこりやすい場所の特徴を分析します。そしてそれを，警察官や地域の住民にわかりやすい形で示すことをめざします。たとえば，図7-1を見れば，犯罪の発生地点がどのように分布しているのかを，直感的に理解できます。

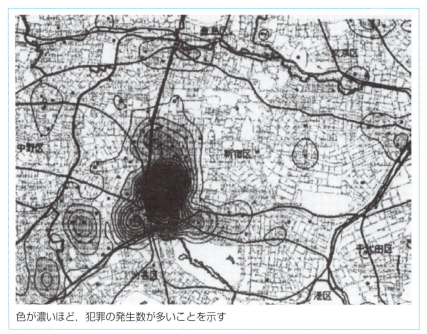

色が濃いほど，犯罪の発生数が多いことを示す

図7-1　新宿周辺での路上暴行・傷害の分布（島田，2004，p.553）

7.2 犯罪発生地点のデータ例

図7-2は，ある架空の市を示しています。この閉じた輪郭を**ポリゴン**と呼びます。このポリゴン内では，1カ月に20件の暴行事件がおきました。事件がおきた地点を青丸で示しました。表7-1は，各事件の発生地点の経度・緯度です。

地理情報にもとづいた空間分析においては，まず，関心のある地域（ここでは

図7-2　あるポリゴン内において暴行事件がおきた地点（青丸）

質問コーナー

ポリゴンとはどのような意味ですか？

ポリゴン（polygon）は，もともと多角形の意味です。地図上では，特定の領域の輪郭のことです。たとえば日本地図では，都道府県ごとのポリゴンがあり，その中に市区町村のポリゴンが含まれることになります。

表 7-1 犯罪発生地点の座標

	X座標（経度）	Y座標（緯度）
事件 1	139.71	35.65
事件 2	139.75	35.68
事件 3	139.72	35.69
⋮	⋮	⋮
事件 20	139.71	35.69

図7-2のポリゴン内）に，対象となる事象（ここでは事件）が，いったいどれくらいの回数でおきているのかを知ることが重要です。これを表すのが**密度**という概念です。密度は，以下のように計算します。

$$密度 = \frac{事象（事件）の数}{地域の面積}$$

ここで，事件の数は20で，地域の面積は75 km^{2}でした。ですから，密度は20÷75＝0.267となります。すなわち，1 km^{2}あたり平均して0.267件の事件が発生していることになります。

本章では，犯罪が発生する場所に何らかの傾向があるのかを，より詳細に調べていきます。まず，犯罪発生地点が，ランダムに分布しているのか否かを調べます。そして，ある地区での犯罪のおこりやすさが，周囲の地区にどのくらい影響を及ぼすのかについて調べます（**空間的自己相関**）。さらに，点ではなく，連続的になめらかに犯罪の発生分布を示す方法を紹介します（**カーネル密度推定法**）。

7.3 犯罪発生地点のランダム性の検討

本節では，図7-2において，暴行事件がある特定の場所に集中しておきているのか，ランダムにおきているのかを調べます。

7.3.1 最近隣距離

点の分布については，3つの典型的なパターンがあります（図7-3）。1つめは，点が一部に集中している「凝集型」，2つめは，点がランダムに分布している「ランダム型」，3つめは，それぞれの点が互いに一定の距離を保って分布する「均等型」です。

点の分布がどの型に近いかを調べる方法の一つが，**最近隣距離法（Nearest Neighbor Method）**です。図7-3で，ある点とそれと最も近い点との距離を見てみると，凝集型では短く，ランダム型ではやや長く，均等型ではさらに長くなっていることがわかります。

最近隣距離法では，まず，それぞれの点において，最も近い点との距離を求めます。そして，その距離をすべての点について平均した値を，平均最近隣距離rとして定義します。

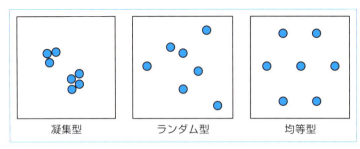

図7-3 典型的な点の分布パターン

$$\text{平均最近隣距離}(r) = \frac{\text{各点と最寄りの点との距離の和}}{\text{点の総数}}$$

たとえば，図7-4を見てください。点aについては点bが最も近くにあり，その距離は2です。同様に，点bに一番近い点cとの距離は1，点cに一番近い点dとの距離は0.5，点dに一番近い点cとの距離は0.5です。これを上記の式に当てはめると，平均最近隣距離rは，$(2+1+0.5+0.5)/4 = 1.0$となります。点dから見て一番近い点cとの距離を足すのを忘れないでください。結果から，各点にとっての最も近い点は，平均して1.0離れたところにあることがわかります。

次に，点がランダムに分布している（ランダム型）と仮定した場合を考えます。点の分布がランダム型であるとき，平均最近隣距離rの期待値$E(r)$と，分散$Var(r)$は，以下の式で計算できます。

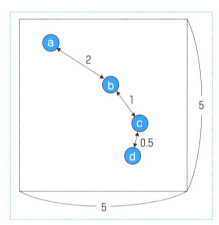

図7-4 平均最近隣距離を求めるための簡単な例

$$\text{平均最近隣距離の期待値}E(r) = \frac{1}{2\sqrt{\text{密度}}}$$

$$\text{平均最近隣距離の分散}Var(r) = \frac{4-\pi}{4 \times \pi \times \text{密度}}$$

密度は先述したとおり，単位面積あたりの点の個数です。図7-4の場合は，点の個数は4個で，面積は5×5＝25なので，密度は4÷25＝0.16となります。これを上式に当てはめると，平均最近隣距離の期待値と分散は以下のようになります。

$$E(r) = \frac{1}{2 \times \sqrt{0.16}} = 1.25$$

$$Var(r) = \frac{4 - 3.14}{4 \times 3.14 \times 0.16} = 0.428$$

もし，図7-4の点の分布がランダムであれば，平均最近隣距離は1.25に近い値になるはずです。

7.3.2 最近隣指数

点の分布のランダム性を示す指標として，**最近隣指数（Nearest Neighbor Index：NNI）**があります。これは，データから得られた最近隣距離を，ランダムに分布していると仮定したときの期待値で除した値です。

$$\text{最近隣指数（NNI）} = \frac{\text{平均最近隣距離}}{\text{平均最近隣距離の期待値}} = \frac{r}{E(r)}$$

点が集中しているときほど（凝集型であるほど），平均最近隣距離 r は0に近づくので，NNIは0に近くなります。点がランダムに分布していれば，分母と分子が等しくなり，NNIは1に近くなります。図7-4の場合，最近隣指数NNIは以下のようになります。

$$NNI = \frac{1}{1.25} = 0.80$$

したがって，図7-4は，完全なランダム型よりも凝集型に近い分布であるといえます。

反対に，図7-5のように，点が互いに一定の距離を保って全体的に分布しているとき，平均最近隣距離 r は2，NNIは $2 \div 1.25 = 1.60$ となります。このように，均等型に近づくと，NNIは1より大きくなります。地域の全体にわたって点が等間隔に分布しているときほど，NNIの値は大きくなります。

それでは，暴行事件の発生地点を描いた図7-2の分析に戻りましょう。まず，経度と緯度の情報から，各発生地点間の距離を求めます（表7-2）。

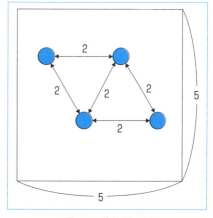

図7-5 均等型の例

表7-2 犯罪発生地点間の距離（km）

	事件1	事件2	事件3	…	事件20
事件1	0	4.92	4.52	…	4.43
事件2	4.92	0	2.93	…	3.79
事件3	4.52	2.93	0	…	0.91
⋮	⋮	⋮	⋮	⋱	⋮
事件20	4.43	3.79	0.91	…	0

表7-2において，各犯罪発生地点とその最寄りの点との距離から平均最近隣距離rを計算すると，1.04となりました。密度は先述したとおり0.267なので，ランダム型のときのrの期待値と分散は，以下のようになります。

$$E(r) = \frac{1}{2 \times \sqrt{0.267}} = 0.968$$

$$Var(r) = \frac{4 - \pi}{4 \times \pi \times 0.267} = 0.256$$

これにより，最近隣指数NNIを求めることができます。

$$NNI = \frac{1.04}{0.968} = 1.07$$

この値は1より大きいので，完全なランダム型よりも均等型に近いといえます。しかし，「均等型である」と結論づけるためには，統計的な検定が必要になります。

7.3.3 ランダム性の統計的検定

犯罪発生地点がランダムに分布しているか否かについては，z検定（本シリーズ第1巻6章を参照）により，統計的に検証することができます。実際に得られた平均最近隣距離rを，ランダム型を仮定したときのrの期待値と分散を用いて，標準化します。

$$標準化最近隣距離(Z_r) = \frac{平均最近隣距離 - 平均最近隣距離の期待値}{\sqrt{平均最近隣距離の分散}} = \frac{r - E(r)}{\sqrt{Var(r)}}$$

もし点の分布がランダム型であれば，標準化最近隣距離Z_rは，平均0，標準偏差1の標準正規分布にしたがうはずです。つまり，Z_rは95％の確率で±1.96の間に入るはずです。

図7-2のデータにおいて，標準化最近隣距離を求めてみましょう。

$$Z_r = \frac{1.04 - 0.968}{\sqrt{0.256}} = 0.142$$

この値は ±1.96 の間に入ります。そのため，「犯罪の発生地点はランダムに分布している」という仮説は，棄却できませんでした。このとき，もし Z_r の値が 1.96 より大きければ，均等型であると判断できます。また，もし Z_r が −1.96 より小さければ，凝集型であると判断できます。

7.4 犯罪発生件数の空間的自己相関

次に，ポリゴン内の地区に注目します。ポリゴン内には，A地区・B地区・C地区・D地区・E地区の，5つの地区があります（図7-6）。これらの地区に，「ある地区の犯罪発生件数が多いと，近接する地区の犯罪発生件数も多くなる」といった関係（**空間的自己相関**）があるかを調べます。

地区 A～E での犯罪発生件数は，表7-3 のとおりです。また，平均発生件数との違い（偏差 d）も示しました。

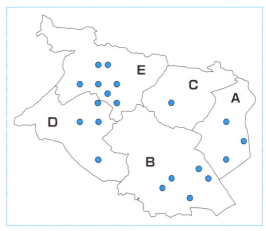

図7-6　ポリゴン内の5つの地区 A～E

7.4.1 隣接行列

まず，犯罪発生件数とは別に，地区どうしがお互いにどれだけ空間的に近接しているかを数値化します。数値化の方法はいろいろありますが，ここでは最も簡単な（そしてよく使われる），隣接行列を紹介します。

表7-3　地区ごとの犯罪発生件数（カッコ内はのちの数式で用いる文字）

X市の地区	犯罪発生件数	平均からの偏差
A地区	3	−1 (d_A)
B地区	5	1 (d_B)
C地区	1	−3 (d_C)
D地区	4	0 (d_D)
E地区	7	3 (d_E)
平均	4	

隣接行列は，地区どうしが接していれば1，接していないときに0を割りふるものです（表7-4）。たとえば，地区Aと地区Bは接しているので1，地区AとDは接していないので0になります[*11]。

---

*11　0/1の2値ではなく，共有する境界線の長さを考慮する方法もあります。

表7-4 隣接行列（カッコ内はのちの数式で用いる文字）

	A地区	B地区	C地区	D地区	E地区
A地区	0 (W_{AA})	1 (W_{AB})	1 (W_{AC})	0 (W_{AD})	0 (W_{AE})
B地区	1 (W_{BA})	0 (W_{BB})	1 (W_{BC})	1 (W_{BD})	1 (W_{BE})
C地区	1 (W_{CA})	1 (W_{CB})	0 (W_{CC})	0 (W_{CD})	1 (W_{CE})
D地区	0 (W_{DA})	1 (W_{DB})	0 (W_{DC})	0 (W_{DD})	1 (W_{DE})
E地区	0 (W_{EA})	1 (W_{EB})	1 (W_{EC})	1 (W_{ED})	0 (W_{EE})

7.4.2 モランのI統計量

隣接行列を利用して，空間的自己相関を求めます。ここでは，空間的自己相関の指標として，**モラン（Moran）のI統計量**を紹介します。モランのI統計量は，$-1 \sim 1$の値をとり，1に近いほど，地区どうしの状態（ここでは犯罪発生件数）が似ていることを表します。一方，-1に近いほど，近隣の地区どうしの状態が逆転していることを意味します。式は以下のとおりです。

$$\text{モランのI} = \frac{\text{地区の数}}{\text{重みの総和}} \times \frac{W_{AA}d_Ad_A + W_{AB}d_Ad_B + \cdots + W_{EE}d_Ed_E}{d_A^2 + d_B^2 + d_C^2 + d_D^2 + d_E^2}$$

では，具体的な数字を当てはめてみましょう。図7-6から，地区の数はA〜Eの5です。重みの総和とは，隣接行列のセルの値をすべて足した値です。表7-4の重みの総和は，以下のとおり14となります。

$$\text{重みの総和} = 0 + 1 + \cdots + 1 + 0 = 14$$

したがって，モランのI統計量は以下のようになります。

$$I = \frac{5}{14} \times \frac{0 \times (-1) \times (-1) + 1 \times (-1) \times 1 \cdots + 0 \times 3 \times 3}{(-1)^2 + 1^2 + (-3)^2 + 0^2 + 3^2} = -0.250$$

得られたIの値はマイナスでした。つまり，ポリゴン内では，「ある地区の犯罪発生件数が多いと，近接する地区の犯罪発生件数が少なくなる」という傾向が見られることになります。これは，B地区とE地区では犯罪件数が多いのに，それらに隣接しているC地区で犯罪件数が少ないことが原因です。しかし，この傾向が統計的に有意なものなのか（統計的に「地域間の犯罪発生件数に関連がある」といえるのか）を検討しなければなりません。次節ではその方法を紹介します。

7.4.3 モランのI統計量のz検定

モランのI統計量の有意性を検定する方法は,z検定が一般的です。7.3.3項と同様に,モランのIを期待値と分散を利用して標準化し,標準正規分布に照らして検定します。モランのIの期待値$E(I)$は,以下になります。

$$\text{モランの}I\text{の期待値}E(I) = -\frac{1}{\text{地区の数}-1} = -\frac{1}{5-1} = -0.250$$

モランのIの分散$Var(I)$は0.032になります(導出は複雑なので省略します)。この期待値と分散を利用して,z検定を行います。以下のように求めた標準化モランのI値(Z_I)が,標準正規分布の95%区間(±1.96の間)に入るかどうかを調べます。

$$\begin{aligned}\text{標準化モランの}I\text{値}(Z_I) &= \frac{\text{モランの}I - \text{モランの}I\text{の期待値}}{\sqrt{\text{モランの}I\text{の分散}}} \\ &= \frac{I-E(I)}{\sqrt{Var(I)}} = \frac{-0.250-(-0.250)}{\sqrt{0.032}} = 0\end{aligned}$$

この例のZ_I値は,95%の区間に入るので,「地域間の犯罪発生件数に関連があるとはいえない」という結論になります。

7.4.4 局所的モランのI統計量

先ほどのモランのI統計量は,ポリゴン内全体の空間的自己相関でしたが,地区ごとに空間的自己相関を求めることもできます。これは,**局所的(local)モランのI統計量**というものです。これに対して,7.4.2項のモランのI統計量を,**大域的(global)モランのI統計量**と呼ぶこともあります。

たとえば,地区Aの局所的モランのI統計量(I_A)は,地区Aの犯罪発生件数が,近接する地区の犯罪発生件数と,どれだけ関連するかを表しています。I_Aは以下のように計算します。

$$\text{局所的モランの}I_A = \text{地区の数} \times d_A \times \frac{W_{AA}d_A + W_{AB}d_B + W_{AC}d_C + W_{AD}d_D + W_{AE}d_E}{d_A^2 + d_B^2 + d_C^2 + d_D^2 + d_E^2}$$

実際に数値を当てはめると,以下のようになります。

$$I_A = 5 \times (-1) \times \frac{0 \times (-1) + 1 \times 1 + \cdots + 0 \times 3}{(-1)^2 + 1^2 + (-3)^2 + 0^2 + 3^2} = 0.50$$

局所的モランのI統計量の有意性についても，先ほどと同じように，z検定により検討することができます。ちなみに，局所的モランのI統計量をすべての地区で足し合わせて，重みの総和で割った値は，大域的モランのI統計量と一致します。

$$大域的モランの I = \frac{I_A + I_B + I_C + I_D + I_E}{重みの総和}$$

7.5 犯罪発生分布のカーネル密度推定

ここまでは，数量的な分析により，「犯罪発生地点の分布はランダムか否か（最近隣距離法）」「ある地区の犯罪発生件数が，近くの地区の犯罪発生件数に影響を与えているか否か（空間的自己相関）」を調べてきました。本節では少し視点を変え，「どこで犯罪がおきているか」を，視覚的なわかりやすさを重視して分析してみます。このような目標のためによく利用される方法が，カーネル密度推定法です。

カーネル密度推定法では，任意の地点において，犯罪のおこりやすさ（犯罪件数の密度）を推定します。7.2節で求めたポリゴン内の犯罪件数の密度（20/75 = 0.267）は，地域全体での密度でした。ここでは，地点ごとに犯罪件数の密度（犯罪密度）を表現します。

7.5.1 カーネル密度推定のイメージ

まず，カーネル密度推定では何を行っているのかについて，簡単に説明します。最初に，各犯罪発生地点にカーネルを適用します。カーネルとは，中身をすべて足す（積分する）と1になる，左右対称の関数のことを指します。一般に，中心位置で密度が最大となり，中心から離れるにつれて密度が減少する，山型の密度関数を用います（図7-7）。各犯罪発生地点を中心にして1つのカーネルを置くと（図7-8），犯罪発

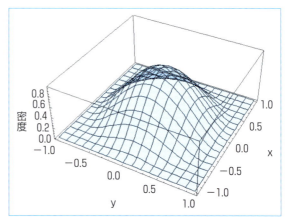

図7-7　個々のカーネル（4次関数の場合）

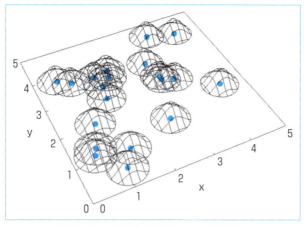

図 7-8　犯罪発生地点ごとにカーネルを置く

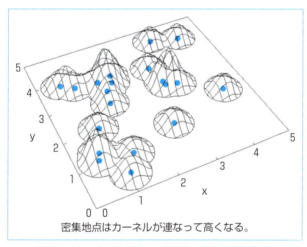

密集地点はカーネルが連なって高くなる。

図 7-9　カーネルを重ねる（実際は重ねて平均する）

生地点で密度が最大となり（犯罪がおこりやすい），そこから離れるにつれて密度が減少する（犯罪がおこりにくい）ことを表現できます。すべての犯罪発生地点にカーネルを置いたのち，各地点でのカーネルを重ねます（実際は平均します）（図7-9）。これにより，全体的になだらかな分布となります。これがカーネル密度推定で得られる密度分布です。

7.5.2　カーネル密度の計算方法

　カーネルの形にはさまざまな種類があります。よく使われるのは，正規密度関数，イパネクニコフ関数，4次関数です。今回は4次関数を使います（図7-7）。4次関数は，正規分布のような単峰形をしていて，関数形もシンプルなので，使いやすいです。4次関数の平面上のカーネルを式で表すと，以下のようになります。なお，(u_1, u_2) は，カーネルの中心を $(0, 0)$ としたときの座標だと考えてください。

$$k(u_1, u_2) = \begin{cases} 0 & (u_1^2 + u_2^2 > 1 \text{のとき}) \\ \dfrac{3}{\pi}(1-(u_1^2+u_2^2))^2 & (u_1^2 + u_2^2 < 1 \text{のとき}) \end{cases} \quad [7\text{-}①]$$

これが図7-7の山,もしくは図7-8の1つ1つの山に相当します。点 (u_1, u_2) が中心 $(0, 0)$ に近ければ(つまり,$u_1^2+u_2^2$ が小さければ)密度は高くなり,離れるにしたがって密度は低くなります。中心からユークリッド距離で1以上離れると(中心を $(0, 0)$,半径を1とする円の外側になると),$u_1^2+u_2^2>1$ となり,密度は0になります。

上記のカーネルを図7-2のそれぞれの犯罪発生地点に作ります。ある犯罪発生地点 j (x_j, y_j) ($j=1, \cdots 20$) をカーネルの中心とすると,任意の地点 (x, y) での犯罪密度は,以下のように計算できます。

$$k\left(\dfrac{x-x_j}{h}, \dfrac{y-y_j}{h}\right) = \begin{cases} 0 & (d_j > h \text{のとき}) \\ \dfrac{3}{\pi h^2}\left(1-\dfrac{d_j^2}{h^2}\right)^2 & (d_j \leq h \text{のとき}) \end{cases} \quad [7\text{-}②]$$

$$d_j = \sqrt{(x-x_j)^2+(y-y_j)^2}$$

h はバンド幅で,$h=1$ のときに [7-①] 式と一致します。d_j は,事件発生地点 j (x_j, y_j) と任意の地点 (x, y) との間の,ユークリッド距離です。距離 d_j が0に近いほど密度が高くなり,距離 d_j が大きくなるにしたがって密度が低くなります。さらに,距離が h (バンド幅)より大きくなると,密度は0になります。このことから,カーネルの広がりはバンド幅によってコントロールされることがわかります。

バンド幅が大きいほど,背が低く裾野が広いカーネルになり,バンド幅が小さいほど,背が高く裾野が狭いカーネルになります。たとえば図7-10は,図7-9よりもバンド幅が大きいカーネルを用いたときの結果です。図7-9よりも裾野が広がっていることがわかります。

最後に,任意の地点 (x, y) において,すべての犯罪発生地点(計20点)のカーネルを足し合わせ

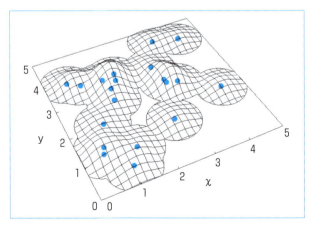

図7-10 図7-9よりもバンド幅が大きいカーネルを用いた場合

て，平均します。これが，任意の地点 (x, y) でのカーネル密度推定値になります。

$$f(x, y) = \frac{1}{20} \left\{ k\left(\frac{x-x_1}{h}, \frac{y-y_1}{h}\right) + k\left(\frac{x-x_2}{h}, \frac{y-y_2}{h}\right) + \cdots \right. \\ \left. + k\left(\frac{x-x_{20}}{h}, \frac{y-y_{20}}{h}\right) \right\}$$

7.5.3　カーネル密度推定の結果

図7-2についてカーネル密度推定を行った結果が，図7-11です。推定された密度が高いほど明るくなり，低いほど暗くなるように表示しました。このような表示の仕方を，**密度プロット**といいます[*12]。バンド幅は0.03です。左上と右下の2カ所に，犯罪発生の密度が高い，つまり犯罪がおこりやすい場所があることがわかります。このような場所を，犯罪の**ホットスポット**と呼びます。

バンド幅は，分析者が任意に決めることができます。どのようなバンド幅を選

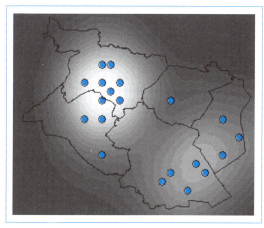

図7-11　カーネル密度推定の結果（バンド幅＝0.03，●は犯罪発生地点）

ぶかによって，結果は大きく変わります。たとえば図7-12は，同じデータに対して，バンド幅を0.01にしたときと0.06にしたときの結果です。バンド幅を小さくすると局所的な変動が強調され，大きくすると全体的な傾向が強調されます。どのようなバンド幅がよいのかについては，さまざまな基準がありますが，先行研究があればそれに従うのがよいでしょう。

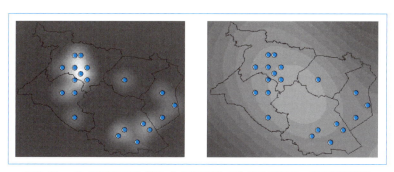

図7-12　バンド幅を0.01（左）と0.06（右）にしたときのカーネル密度推定

＊12　技術的には**ストレッチ・レンダラ**ともいいます。

カーネル密度推定法には、図7-2のように犯罪発生地点を点で表す方法と比べ、どのようなメリットがあるでしょうか。まず、犯罪のホットスポットがどこなのかを、直感的に把握できます。図7-11と比べて、図7-2からホットスポットを検出するのは、難しいと思います。また、カーネル密度推定法を使うと、多くの点が1カ所に集中したときでも、図が見にくくなりません。さらにもうひとつ、犯罪情報を扱うときに、カーネル密度推定法が望ましい理由があります。図7-2のように犯罪発生地点を点で示すと、事件現場が特定され、結果として被害者が特定されてしまうおそれがあります。一方、カーネル密度分布のみを示して、犯罪発生地点を表示しなければ、個人情報を守りつつ、犯罪の発生分布を犯罪マップとして公開できるようになります。

7.5.4 犯罪のホットスポットの考察

最後に、図7-11のカーネル密度分布に、路線図を重ねてみます（オーバーレイといいます）（図7-13）。すると、犯罪の密集地点（ホットスポット）の付近に、駅があることがわかりました。つまり、暴行事件は駅の周近でおきていることが示唆されます。このように、カーネル密度分布を実際の地図と重ね合わせることで、より具体的に犯罪マップを理解できるようになります。

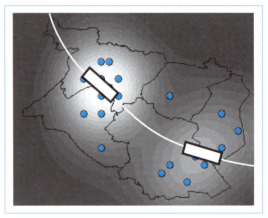

図7-13　図7-11に路線図を重ねたもの

今回のケースでは、数量的な分析（最近隣距離法・空間的自己相関）からは、統計的に有意な結果は得られませんでした。しかし、カーネル密度推定を行い、路線図や主要道路などを重ね合わせることで、犯罪発生分布の実態や、なぜそのような分布になるのかについて、推測できる場合があります。

質問コーナー

犯罪を予防するために簡単にできることはありますか？

割れ窓理論というものがあります。これは、ある建物の窓1枚が割れたまま放置されると、周辺住民は街をきれいに保つことに消極的になりはじめ、地域への愛着が低下して、次第に街が荒廃し、治安が悪化する、という理論です。この理論に基づくと、道に落ちているゴミを拾ったり、落書きを消したりといった地道な活動が、将来的には犯罪の予防につながると考えられます。

7.6 まとめ

　犯罪のホットスポットがわかれば，そこで集中的に防犯活動を行うことができます。たとえば，ホットスポットでのパトロールを増やしたり，警察官を多く配備したりできます。原田・島田（2000）は，新宿区において，全体の4.5％にすぎないホットスポットに21％の侵入窃盗が集中していること，この4.5％に警察の人員を集中させることで，侵入窃盗の発生件数を2割も削減できることを指摘しています。

　一般に，人を変えるよりも，環境を変えるほうが簡単であることが多いです。犯罪マップをもとに，警察・地域住民が一体となって防犯活動を行えば，犯罪を減らしていくことが可能になるでしょう。犯罪マップは，多くの都道府県警のホームページで公開されていますので，ぜひ確認してみてください。

　今回はシンプルな仮想データを用いましたが，本来の地図データでは境界線が複雑になり，データ数も多くなります。計算が煩雑になるので，専用のソフトが必要になります。しかし，基本的な考え方に変わりはありませんので，基本をしっかりと押さえたうえで，研究や実務に役立ててください。

【文献】
原田豊・島田貴仁（2000）．カーネル密度推定による犯罪集中地区の検出の試み．科学警察研究所報告防犯少年編，40，125-136.
古谷知之（2011）．Rによる空間データの統計分析．朝倉書店
村山祐司・柴崎亮介編（2008）．1 GISの理論．朝倉書店
島田貴仁（2004）．犯罪発生マップによる犯罪知識の提供．日本機械学会誌，107，552-555.
杉浦芳夫編（2003）．地理空間分析．朝倉書店
張長平（2009）．地理情報システムを用いた空間データ分析（増補版）．古今書院

問1: 下図は，地区A，B，Cのポリゴンと犯罪発生地点を示しています。地区Aの犯罪発生地点の分布について，最近隣指数（NNI）を求めてください。また，全地区での空間的自己相関と，地区Aでの空間的自己相関を，モランのI統計量により求めてください。ただし，A・B・Cの面積は，それぞれ16, 18, 22とします。

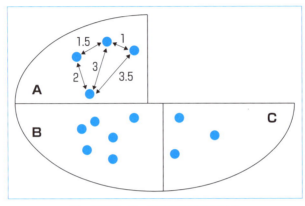

図 地区A, B, Cでの犯罪発生地点

付録 ── 各章のQuizの解答

第1章：Answer

問1. ①　0.27

まず，行動1と2について，記録の一致・不一致を調べる。

		行動2		計
		記録あり (1)	記録なし (0)	
行動1	記録あり (1)	4 (A)	0 (B)	4 (A+B)
	記録なし (0)	11 (C)	5 (D)	16 (C+D)
計		15 (A+C)	5 (B+D)	A+B+D+C (20)

この表に基づき，ジャッカード係数を計算する。

$$J = \frac{A}{A+B+C} = \frac{4}{4+0+11} = 0.27$$

②　距離的データの表は以下のとおり。表2の値を1から引いたものが距離的データとなる。

	行動1	行動2	行動3	行動4	行動5	行動6	行動7	行動8	行動9	行動10
行動1	0.00	―	―	―	―	―	―	―	―	―
行動2	0.73	0.00	―	―	―	―	―	―	―	―
行動3	1.00	0.90	0.00	―	―	―	―	―	―	―
行動4	1.00	0.69	0.92	0.00	―	―	―	―	―	―
行動5	0.67	0.65	0.75	1.00	0.00	―	―	―	―	―
行動6	0.50	0.47	1.00	1.00	0.55	0.00	―	―	―	―
行動7	0.82	0.80	0.22	0.93	0.58	0.87	0.00	―	―	―
行動8	0.75	0.60	1.00	0.80	0.73	0.60	0.93	0.00	―	―
行動9	0.67	0.31	0.94	0.80	0.57	0.33	0.83	0.62	0.00	―
行動10	0.60	0.44	0.94	0.93	0.62	0.20	0.81	0.67	0.31	0.00

問2. SPSSで分析すると，以下のようになる。

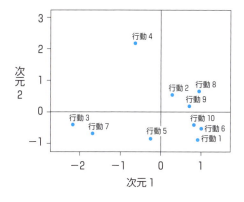

データ数が少ないので解釈が難しいが，右下の行動群は支配性の犯行スタイル，左下の行動群は親密性の犯行スタイル，上の行動群は性愛性の犯行スタイルと対応すると考えられる。

第2章：Answer

問1. ① エントロピー利得比は以下のとおり。

$$D1 のエントロピー = -\frac{8}{13} \times \log_2\left(\frac{8}{13}\right) - \frac{5}{13} \times \log_2\left(\frac{5}{13}\right) = 0.961$$

$$D2 のエントロピー = -\frac{1}{7} \times \log_2\left(\frac{1}{7}\right) - \frac{6}{7} \times \log_2\left(\frac{6}{7}\right) = 0.592$$

$$A \times D のエントロピー = \frac{13}{20} \times 0.961 + \frac{7}{20} \times 0.592 = 0.832$$

$$A から D の利得比 = \frac{0.993 - 0.832}{-\frac{13}{20} \times \log_2\left(\frac{13}{20}\right) - \frac{7}{20} \times \log_2\left(\frac{7}{20}\right)} = \frac{0.161}{0.934} = 0.172$$

② Gini 指標差は以下のとおり。

$$D1 の Gini 指標 = 1 - \left\{\left(\frac{8}{13}\right)^2 + \left(\frac{5}{13}\right)^2\right\} = 0.473$$

$$D2 の Gini 指標 = 1 - \left\{\left(\frac{1}{7}\right)^2 + \left(\frac{6}{7}\right)^2\right\} = 0.245$$

$$A \times D の Gini 指標 = \frac{13}{20} \times 0.473 + \frac{7}{20} \times 0.245 = 0.393$$

Gini 指標差 $= 0.495 - 0.393 = 0.102$

③ クロス表による χ^2 検定は以下のとおり。

	指紋工作なし	指紋工作あり	計
前科なし	8 (5.85)	1 (3.15)	9
前科あり	5 (7.15)	6 (3.85)	11
計	13	7	20

$\chi^2_{(1)} = 4.10$ なので，$p = 0.043$

問2.

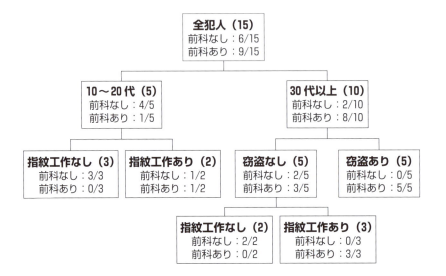

犯人 16：10～20 代，指紋工作なしなので"前科なし"
犯人 17：10～20 代，指紋工作なしなので"前科なし"
犯人 18：30 代以上，窃盗ありなので"前科あり"
犯人 19：30 代以上，窃盗なし，指紋工作なしなので"前科なし"
犯人 20：30 代以上，窃盗ありなので"前科あり"

第 3 章：Answer

まず，容疑者の生理反応を，表 3-5 の閾値に基づき判定する。

	心拍数	末梢血管	汗腺活動	呼吸数
判定	陽性	陰性	陰性	陰性

この結果が得られたとき，容疑者に記憶がある確率は，以下のように計算できる。

$P(記憶あり｜心拍陽性 \cap 血管陰性 \cap 汗腺陰性 \cap 呼吸陰性)$
$$= \frac{P(心拍陽性 \cap 血管陰性 \cap 汗腺陰性 \cap 呼吸陰性｜記憶あり) \times P(記憶あり)}{P(心拍陽性 \cap 血管陰性 \cap 汗腺陰性 \cap 呼吸陰性)}$$

右辺のそれぞれの項は，以下のように計算する。

① $P(記憶あり)$
   $P(記憶あり) = P(記憶なし) = 0.5$
② $P(心拍陽性 \cap 血管陰性 \cap 汗腺陰性 \cap 呼吸陰性｜記憶あり)$
   $P(心拍陽性 \cap 血管陰性 \cap 汗腺陰性 \cap 呼吸陰性｜記憶あり)$
   $= P(心拍陽性｜記憶あり) \times P(血管陰性｜記憶あり) \times P(汗腺陰性｜記憶あり)$
   $\times P(呼吸陰性｜記憶あり) = 0.800 \times 0.400 \times 0.267 \times 0.333 = 0.0285$
③ $P(心拍陽性 \cap 血管陰性 \cap 汗腺陰性 \cap 呼吸陰性)$
   $P(心拍陽性 \cap 血管陰性 \cap 汗腺陰性 \cap 呼吸陰性)$
   $= P(記憶あり) \times P(心拍陽性｜記憶あり) \times P(血管陰性｜記憶あり)$
   $\times P(汗腺陰性｜記憶あり) \times P(呼吸陰性｜記憶あり)$
   $+ P(記憶なし) \times P(心拍陽性｜記憶なし) \times P(血管陰性｜記憶なし) \times P(汗腺陰性｜記憶なし)$
   $\times P(呼吸陰性｜記憶なし)$
   $= 0.5 \times (0.800 \times 0.400 \times 0.267 \times 0.333) + 0.5 \times (0.267 \times 0.533 \times 0.667 \times 0.600)$
   $= 0.0428$

このように求めた①～③を，最初の式に代入する。

$$P(記憶あり｜心拍陽性 \cap 血管陰性 \cap 汗腺陰性 \cap 呼吸陰性) = \frac{0.0285 \times 0.5}{0.0428} = 0.333$$

一方，この検査結果が得られたときに，容疑者に記憶がない確率は，$1 - 0.333 = 0.667$ となる。0.333 vs. 0.667 で，この検査結果が得られたときは，容疑者に記憶がない可能性が高い。

ベイズファクターは以下のようになる。

$$BF = \frac{0.333/0.667}{0.5/0.5} = 0.499$$

表 3-9 のジェフリーズの基準にしたがうと，否定的（記憶なしを支持）となる。

第4章：Answer

以下に一例を示す。

オリジナルの データセット		B₁		B₂		B₃		B₄		B₅	
ID	体重	ID	体重	ID	体重	ID	体重	ID	体重	ID	体重
1	70	3	67	5	54	6	50	6	50	1	70
2	53	4	59	3	67	4	59	3	67	3	67
3	67	1	70	3	67	2	53	6	50	6	50
4	59	4	59	2	53	4	59	3	67	1	70
5	54	2	53	5	54	2	53	5	54	3	67
6	50	5	54	5	54	3	67	4	59	2	53
平均	58.8	平均	60.3	平均	58.2	平均	56.8	平均	57.8	平均	62.8

ブートストラップ標本を1,000個作成すると，ブートストラップ統計量である平均について，以下のようなブートストラップ分布を描ける。

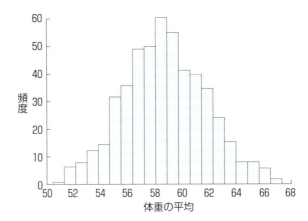

第5章：Answer

問1.

性別	出身地	ダミー (男)	ダミー (女)	ダミー (日本)	ダミー (米国)	ダミー (中国)	ダミー (EU)
女	EU	0	1	0	0	0	1
女	中国	0	1	0	0	1	0
女	EU	0	1	0	0	0	1
男	米国	1	0	0	1	0	0
女	米国	0	1	0	1	0	0
男	中国	1	0	0	0	1	0
男	米国	1	0	0	1	0	0
女	EU	0	1	0	0	0	1
女	日本	0	1	1	0	0	0
男	日本	1	0	1	0	0	0

性別についてのダミー変数から1つ（たとえば"男性"），出身地についてのダミー変数から1つ（たとえば"日本"）を除けばよいことになる。

問2．8.26年

懲役年数＝4.91＋0×怪我小＋2.27×怪我大＋0×前科なし＋1.59×前科あり＋0×魅力度小
　　　　－0.57×魅力度中－0.68×魅力度大＋0×証言なし＋0.90×証言あり－0.04×被害者の年齢
　　　　＋0×男性＋0.42×女性＝8.26

第6章：Answer

① カプラン・マイヤー表

追跡（経過）期間	観測対象者数		イベント発生数（観測度数）		カプラン・マイヤー生存率		イベント発生数の期待度数		イベント発生数と期待度数の差		分散	
	不登校なし	不登校あり	不登校なし	不登校あり	不登校なし	不登校あり	不登校なし	不登校あり	不登校なし	不登校あり	不登校なし	不登校あり
1年	15	6	2	1	0.867	0.833	2.14	0.857	－0.143	0.143	0.551	0.551
2年	13	4	0	1	0.867	0.625	0.765	0.235	－0.765	0.765	0.180	0.180
3年	13	2	1	0	0.800	0.625	0.867	0.133	0.133	－0.133	0.116	0.116
4年	10	2	1	0	0.720	0.625	0.833	0.167	0.167	－0.167	0.139	0.139
5年	9	2	1	0	0.640	0.625	0.818	0.182	0.182	－0.182	0.149	0.149
6年	5	2	1	0	0.512	0.625	0.714	0.286	0.286	－0.286	0.204	0.204
7年	4	2	0	1	0.512	0.313	0.667	0.333	－0.667	0.667	0.222	0.222
合計									－0.807	0.807 (Y)	1.56 (Z)	1.56 (Z)

② カプラン・マイヤープロット

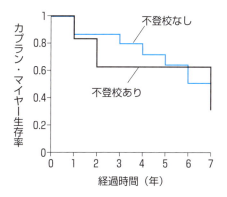

③ ログランク検定

$$\chi^2 = \frac{Y^2}{Z} = \frac{0.807^2}{1.56} = 0.417$$

$\chi^2_{(1)} = 0.417$ なので $p = 0.518$ であり，違いがあるとはいえない。

第7章：Answer

① 以下のように最近隣指数NNIを計算する。
　平均最近隣距離 r：$(1.5 + 1 + 2 + 1)/4 = 1.38$
　密度：$4/16 = 0.25$

平均最近隣距離rの期待値：$E(r) = \dfrac{1}{2 \times \sqrt{0.25}} = 1$

最近隣指数NNI：$\text{NNI} = \dfrac{r}{E(r)} = \dfrac{1.38}{1} = 1.38$

地区ごとの犯罪発生件数（カッコ内は数式で用いる文字）

X市の地区	犯罪発生件数	平均からの偏差
A地区	4	$-0.33\ (d_A)$
B地区	6	$1.67\ (d_B)$
C地区	3	$-1.33\ (d_C)$
平均	4.33	

隣接行列（カッコ内は数式で用いる文字）

	A地区	B地区	C地区
A地区	$0\ (W_{AA})$	$1\ (W_{AB})$	$0\ (W_{AC})$
B地区	$1\ (W_{BA})$	$0\ (W_{BB})$	$1\ (W_{BC})$
C地区	$0\ (W_{CA})$	$1\ (W_{CB})$	$0\ (W_{CC})$

② 大域的モランのI統計量

$$I = \dfrac{\text{地区の数}}{\text{重みの緩和}} \times \dfrac{W_{AA}d_Ad_A + W_{AB}d_Ad_B + W_{AC}d_Ad_C + W_{BA}d_Bd_A + W_{BB}d_Bd_B + W_{BC}d_Bd_C + W_{CA}d_Cd_A + W_{CB}d_Cd_B + W_{CC}d_Cd_C}{d_A^2 + d_B^2 + d_C^2}$$

$$= \dfrac{3}{4} \times \dfrac{0 \times d_Ad_A + 1 \times d_Ad_B + 0 \times d_Ad_C + 1 \times d_Bd_A + 0 \times d_Bd_B + 1 \times d_Bd_C + 0 \times d_Cd_A + 1 \times d_Cd_B + 0 \times d_Cd_C}{d_A^2 + d_B^2 + d_C^2}$$

$$= \dfrac{3}{4} \times \dfrac{1 \times (-0.33) \times 1.67 + 1 \times 1.67 \times (-0.33) + 1 \times 1.67 \times (-1.33) + 1 \times (-1.33) \times 1.67}{(-0.33)^2 + (1.67)^2 + (-1.33)^2} = -0.891$$

③ 局所的モランのI統計量

$$I_A = 3 \times d_A \times \dfrac{W_{AA}d_A + W_{AB}d_B + W_{AC}d_C}{d_A^2 + d_B^2 + d_C^2} = 3 \times (-0.33) \times \dfrac{1 \times 1.67}{(-0.33)^2 + (1.67)^2 + (-1.33)^2} = -0.354$$

索　引

ア　行

閾値　*43, 44, 50*
イベント　*89, 90*
　　――発生数　*91*
隠匿情報検査　*39, 62, 66*
　　――法によるポリグラフ検査　*40*
エントロピー　*24, 25, 27*
オイラー数　*98*
オーバーレイ　*116*

カ　行

回帰木　*36*
カイ2乗検定　*30*
カイ2乗自動交互作用検出　*24, 30*
科学捜査研究所　*1*
カーネル密度推定　*115*
　　――法　*105, 112*
カーネル密度の計算方法　*113*
カテゴリ　*75*
カプラン・マイヤー生存率　*91, 92*
カプラン・マイヤー表　*94*
カプラン・マイヤープロット　*91, 93, 94*
観測対象者数　*91*
木　*21, 22, 23, 36*
　　――の検証　*33*
　　――の深さ　*22*
　　――を育てる方法　*24, 32*
記憶検出　*59*
キャップ（∩）　*45*
矯正教育　*87*
　　――とエビデンス　*100*
距離的データ　*7, 8, 11*
空間的自己相関　*105, 109*
クラメールの連関係数　*4*
決定木　*19, 28, 35*
　　――分析　*19*
交差妥当化検証　*33*

サ　行

最近隣距離　*105*
　　――法　*105*
　　標準化――　*108*
　　平均――　*106*
最近隣指数　*107*
最小空間分析　*12*
裁判員裁判　*73, 75*
裁判員の量刑判断　*74*
再犯リスク要因　*87, 96, 100*
再犯率　*91*
座標　*5*
　　――の推定　*11*
　　――間距離　*7, 8, 11*
サンプルスコア　*83, 84*
ジェフリーズの基準　*55*
刺激提示　*62*
事件間の類似度　*3, 5*
事件リンク分析　*2*
事後確率　*48*
　　――の計算　*48*
事象関連電位　*60*
事前確率　*48*
　　――の更新　*55, 56*
質的変数　*81, 82*
ジャッカード係数　*4*
　　――による事件間の類似度　*5*
重回帰分析　*79, 82, 83*
条件つき確率　*44*
初期値　*9*
心拍数　*40, 42*
数量化Ⅰ類　*73, 74, 75*
　　――と分散分析　*81*
　　――の概念図　*76*
　　――の分析プロセス　*77*
数量化Ⅱ類　*73, 74, 82*
　　――の概念図　*83*
数量化Ⅲ類　*74*
数量化理論　*74*
スクリープロット基準　*12*
ストレス値　*9, 13*
ストレス関数　*11*
ストレッチ・レンダラ　*115*
生存時間分析　*87, 88*
静的要因　*88*
生理指標　*50*

生理反応　39
　　——の違いの評価　43, 50
　　容疑者の——　42
説明変数　80, 81
前科　19
　　——推定モデルの作成　21
　　——の推定　20
センサー　89, 90
　　——シップ　90
　　——発生数　92
前歴　19

タ 行

多次元尺度構成法　2
多次元尺度法　1, 2, 5
多進木　29
ダミー変数　76
　　——への変換　77
　　——を用いた重回帰分析　78
単調変換　10
懲役年数　75, 76, 79, 82
地理空間分析　103
地理情報システム　103
地理的プロファイリング　2
追跡期間（経過時間）　91
同一犯の推定　2
動的要因　88

ナ 行

ナイーブベイズ法　39, 42, 51
　　——による指標の統合　50
二進木　29
ネイピア数　98
ノイズの除去　61
脳活動　59
脳指紋　63
脳波　59, 60
ノード　21
　　親——　22
　　子——　22
　　根——　21
　　葉——　22
　　末端——　22

ハ 行

場合分け　44
パーセンタイル信頼区間　69
パーセンタイル法　69
　　——による信頼区間の求め方　70

バイアス修正パーセンタイル信頼区間　69, 70
ハザード　91
犯行スタイル　13, 14
　　屋内強姦犯の——　15
犯罪者プロファイリング　1
　　——でできること　2
犯罪心理学　74
犯罪捜査　1
犯罪発生地点　104, 105
犯罪発生分布　112
犯罪予防　103
犯人像の推定　13, 14, 19
犯人像の予測　19
ひじの基準　13
比例ハザード性　99
ブートストラップ　67
　　——信頼区間　69
　　——統計量　65, 67, 68
　　——反復回数　65
　　——標本　65, 67, 68
　　——分布　65, 68
　　——分布の偏り　69
ブートストラップ法　59, 65, 66
　　——によるERPデータの判定　65
復元抽出　65
プロファイラー　1
分岐　24, 26, 28
分散分析　81
分類回帰木　24, 29
平均生存時間　90
平均ハザード率　90, 91
ベイズの定理　45, 47
ベイズファクター　54
ベイズ法　43, 44
ホットスポット　115, 117
　　犯罪の——　116
ポリグラフ検査　39, 41
　　——における生理反応　40
ポリゴン　104, 109

マ 行

マイクロボルト　60
マッピング　15
マップ　5, 12
密度　105
　　——プロット　115
無理数　98
目的変数　82
モランのI統計量　110

──のz検定　111
　局所的──　111
　大域的──　111, 112

ヤ　行

ユークリッド距離　7, 11
　事件の座標の──　8
4次関数　113

ラ　行

利得　25
　──比　26, 27
量刑　73, 75
　──判断　73
量的変数　81
隣接行列　109, 110
累積生存率　92, 97
ログマイナスログプロット　99, 100
ログランク検定　93, 94

ワ　行

割れ窓理論　116

アルファベット＆ギリシャ文字

ALSCAL　12
BCa　70
BF　54
C5.0　24, 28, 32, 33
CART　24, 29, 32, 33
CHAID　24, 30, 31, 32, 33
CIT　39
Cox比例ハザード分析　94, 96, 99
　──の目的　96
　──の結果　96
　──のモデル　98
EEG　59
ERP　60, 64
　──による記憶検出　61
$\exp(\beta)$　97, 98
fMRI　59
Gini指標　29, 30
MDS　2, 5
　──の概要　5
　──の次元数　13
　──の種類　9
　──の分析手順　6
　計量──　9, 10
　非計量──　9, 10, 11
　非対称──　16
MEG　59
NIRS　59
NNI　107, 108
P300（P3）　63, 64, 66, 70
PET　59
RSQ　13
SSA　12
t検定　42
z検定　111
ϕ係数　4

著者紹介

荘島宏二郎（しょうじま こうじろう）

【シリーズ編者・第2著者：写真左】
1976年生まれ。
早稲田大学大学院文学研究科博士課程単位取得退学。現在，大学入試センター研究開発部准教授，博士（工学）
専門：心理統計学，多変量解析，教育工学
主著書：『学力：いま，そしてこれから』（共著）ミネルヴァ書房 2006年，『学習評価の新潮流』（共著）朝倉書店 2010年

松田いづみ（まつだ いづみ）

【第1著者：写真右】
1979年生まれ。
東京大学大学院総合文化研究科博士課程修了。科学警察研究所主任研究官を経て，現在，青山学院大学教育人間科学部心理学科准教授，博士（学術）
専門：犯罪心理学，心理生理学，心理統計学
主著書：*Detecting Concealed Information and Deception*（分担執筆）．Elsevier. 2018年，『神経・生理心理学』（分担執筆）北大路書房 2019年，『生理心理学と精神生理学　第Ⅱ巻　応用』（分担執筆）北大路書房 2017年，犯罪心理学事典（分担執筆）丸善出版 2016年

読者の皆さんへ：

　高校から大学にかけて，ふられるたびに小説を書いた。心の整理の仕方がわからなかったからだ。心が荒んでいる中で書くので，登場人物は死にまくりだった。主人公は崖から飛び降り，その友達は狼に食べられた（どんなストーリーじゃい）。
　当時，ケンカ中だった親父は，小説の中で連続殺人犯に仕立てあげられた。高校2年の時，大好きだったB'zを聞かせたら「まあまあだね」と言いやがったからだ。そこから2年ほどシカトしてやった。さらに2年後，ミスチルを聞かせたら「すごいイイィィ！」と絶賛だった。失敗から学ぶ親父。
　ふられにふられて，いつのまにか小説は3編に。いずれもシリアスな内容のはずだが，数年後に読み返したら腹筋崩壊。なんという時限爆弾。みんな，苦しくても犯罪に走らず小説書こう。のちのち面白いし国語力も上がるぜ。

読者の皆さんへ：

　国語が苦手で，大学では理工系の学部に入りました。でも，心理学を学びたくて，卒業論文のテーマは認知行動療法でした。その延長で，犯罪心理学，とくにプロファイリングに興味をもち，今の職場に就職しました。ところが，配属されたのは，生理反応から記憶の検出を目指す研究室。生理反応を分析するために統計学の知識が必要となり，心理統計のゼミに入りなおしました。曲がりくねった道を歩いてきたので，目標をきちんと立ててまっすぐ進んでいける人にあこがれます。そうでない自分にがっかりしますが，それでも前を向いていれば，誰かが助けてくれたりします。今もまた，新しいことにチャレンジしたくてうずうずしています。

心理学のための統計学9

犯罪心理学のための統計学
── 犯人のココロをさぐる

2015年 3 月25日　第1刷発行
2019年10月30日　第2刷発行

著　者　　松　田　いづみ
　　　　　荘　島　宏二郎
発行者　　柴　田　敏　樹
印刷者　　日　岐　浩　和

発行所　　株式会社　誠　信　書　房
〒112-0012　東京都文京区大塚 3-20-6
電話　03(3946)5666
http://www.seishinshobo.co.jp/

Ⓒ Izumi Matsuda, Kojiro Shojima, 2015
印刷所／中央印刷　製本所／協栄製本
検印省略　落丁・乱丁本はお取り替えいたします
ISBN 978-4-414-30195-3 C3311　　Printed in Japan

JCOPY ＜出版者著作権管理機構　委託出版物＞
本書の無断複写は著作権法上での例外を除き禁じられています。
複写される場合は，そのつど事前に，(社)出版者著作権管理機構
(電話 03-5244-5088, FAX 03-5244-5089, e-mail：info@jcopy.or.jp)
の許諾を得てください。

心理学のための統計学シリーズ

荘島宏二郎 編

■ 統計の基礎から応用までをおさえた，全9巻シリーズついに登場！
■ 個別の心理学分野に合わせ，優先度の高い統計手法を取り上げて解説。
■ 本文は，視覚的にもわかりやすい2色刷り。
■ 各巻の各章は，90分の講義で説明できる内容にて構成。文系の学生を意識し，数式の多用を極力抑え，豊富な図表でわかりやすく説明した，心理学を学ぶ人に必須の統計テキストシリーズ。

各巻 B5 判約 140-160 頁

1 心理学のための統計学入門：ココロのデータ分析（川端一光・荘島宏二郎著）2100 円

2 実験心理学のための統計学：t 検定と分散分析（橋本貴充・荘島宏二郎著）2600 円

3 社会心理学のための統計学：心理尺度の構成と分析（清水裕士・荘島宏二郎著）2800 円

4 教育心理学のための統計学：テストでココロをはかる（熊谷龍一・荘島宏二郎著）2600 円

5 臨床心理学のための統計学：心理臨床のデータ分析（佐藤寛・荘島宏二郎著）

6 パーソナリティ心理学のための統計学：構造方程式モデリング（尾崎幸謙・荘島宏二郎著）2600 円

7 発達心理学のための統計学：縦断データの分析（宇佐美慧・荘島宏二郎著）2600 円

8 消費者心理学のための統計学：市場調査と新商品開発（齋藤朗宏・荘島宏二郎著）

9 犯罪心理学のための統計学：犯人のココロをさぐる（松田いづみ・荘島宏二郎著）2600 円

価格は税別

心理学叢書

日本心理学会が贈る、面白くてためになる心理学書シリーズ

● 各巻 A5判並製　● 随時刊行予定

アニメーションの心理学
横田正夫 編

アニメーションの作り手たちは、動きやストーリーを魅力的にするために様々な技を考えてきた。心理学者と作り手の視点から、そうした技の秘密に迫る。実写映像が1秒あたり24枚の連続写真であるのに対し、1秒あたり8枚の絵しかないアニメーションでもちゃんと「動いて見える」のはなぜか。また、海外とは異なる日本のアニメの特徴とは何か。こうしたアニメーションにまつわる疑問に答えていく。

定価(本体2400円+税)　ISBN978-4-414-31123-5

思いやりはどこから来るの？
――利他性の心理と行動
髙木 修・竹村和久 編
定価(本体2000円+税)

震災後の親子を支える
――家族の心を守るために
安藤清志・松井 豊 編
定価(本体1700円+税)

なつかしさの心理学
――思い出と感情
楠見 孝 編
定価(本体1700円+税)

超高齢社会を生きる
――老いに寄り添う心理学
長田久雄・箱田裕司 編
定価(本体1900円+税)

無縁社会のゆくえ
――人々の絆はなぜなくなるの？
髙木 修・竹村和久 編
定価(本体2000円+税)

心理学の神話をめぐって
――信じる心と見抜く心
邑本俊亮・池田まさみ 編
定価(本体1800円+税)

本当のかしこさとは何か
――感情知性(EI)を育む心理学
箱田裕司・遠藤利彦 編
定価(本体2000円+税)

病気のひとのこころ
――医療のなかでの心理学
松井三枝・井村 修 編
定価(本体2000円+税)

高校生のための心理学講座
――こころの不思議を解き明かそう
内田伸子・板倉昭二 編
定価(本体1800円+税)

心理学って何だろうか？
――四千人の調査から見える期待と現実
楠見 孝 編
定価(本体2000円+税)

地域と職場で支える被災地支援
――心理学にできること
安藤清志・松井 豊 編
定価(本体1700円+税)

紛争と和解を考える
――集団の心理と行動
大渕憲一 編
定価(本体2400円+税)

誠信 心理学辞典［新版］

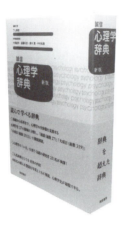

■字句を独立して定義せず，その語句が心理学の該当領域のなかで果たす役割を中心に解説した画期的な「読む心理学辞典」ついに刊行！

感情・統計・組織・知覚などの主要な27領域を網羅し，複雑な進化を続ける心理学の世界を見渡すことが可能。

人名篇では心理学の世界の偉人440名の足跡と業績を解説。過去から未来へと続く，科学としての心理学が鮮明に浮かびあがる。

心理学の27領域を網羅。各種試験にも対応！

① 原理・歴史　　⑧ 社会　　⑮ 統計　　㉒ 非行
② 研究法　　　　⑨ 感情　　⑯ 測定・評価　㉓ 進化
③ 学習　　　　　⑩ 性格　　⑰ 産業　　㉔ 遺伝
④ 認知　　　　　⑪ 臨床　　⑱ 組織　　㉕ 環境
⑤ 知覚　　　　　⑫ 障害　　⑲ 健康　　㉖ 文化
⑥ 発達　　　　　⑬ 神経　　⑳ 福祉　　㉗ 行動経済
⑦ 教育　　　　　⑭ 生理　　㉑ 犯罪・司法

編集代表
　下山晴彦　東京大学大学院教育学研究科教授

幹事編集委員
　大塚雄作　大学入試センター試験・研究副統括官
　遠藤利彦　東京大学大学院教育学研究科教授
　齋木　潤　京都大学大学院人間・環境学研究科教授
　中村知靖　九州大学大学院人間環境学研究院教授

B6判　函入　1104頁
本　体　5800円＋税